香江冷月

日據及前後的香港

鄭寶鴻　著

商務印書館

香江冷月──日據及前後的香港

作　　者：鄭寶鴻
責任編輯：張宇程
出　　版：商務印書館（香港）有限公司
　　　　　香港筲箕灣耀興道 3 號東滙廣場 8 樓
　　　　　http://www.commercialpress.com.hk
發　　行：香港聯合書刊物流有限公司
　　　　　香港新界大埔汀麗路 36 號中華商務印刷大廈 3 字樓
印　　刷：美雅印刷製本有限公司
　　　　　九龍觀塘榮業街 6 號海濱工業大廈 4 樓 A 室
版　　次：2020 年 7 月第 1 版第 1 次印刷
　　　　　©2020 商務印書館（香港）有限公司
　　　　　ISBN 978 962 07 6643 5
　　　　　Printed in Hong Kong

目錄

序

在下的父母親於 1930 年代由內地「走難」來到香港這「埠頭地」「搵食」(討生活),各自經歷「日本仔打到嚟」的三年零八個月,以至和平後的相識及生兒育女,在下這名「戰後嬰兒」亦隨告誕生。

1950 年代,舉家不時步行往灣仔探親及品茗,每經過大佛口皇后大道東山段的數座防空洞時,雙親便會細說每逢敵機轟炸,或防空警號響起時,市民慌忙湧往避難的情景;亦提到盟軍戰機轟炸修頓球場一帶,多人傷亡的慘狀。

整段淪陷時期,父母均在香港生活,當年為傭工的母親憶述電車停駛時,因工作的需要,曾徒步來回中環與筲箕灣之間的苦況,還不時要掉頭或繞道,避開持着刺刀站崗的日本哨兵,以免動輒得咎而被饗以巨靈之掌或罰站等。

在當時,不餓死、不被「拉難民」而遭遣返內地,年輕女士不被強拉往駱克道「聚樂區」作「花姑娘」(娼妓)的,已屬萬幸。

令人聽來「毛骨悚然」的,是被棄於街頭的屍體,旋即被割去股髀、臂肉以至臉龐的肌肉,煮食充飢的描述。因當時的米糧價格飛漲而且短缺,導致不少人餓死,是「屎唔臭都要食」的災難境況。由於用作燃料的柴薪缺乏,用四塊半牀板組裝而成的棺木(稱為「四塊半」或「四方寶」)為逝世者入殮,已屬「風光大葬」。

父母也經常提及,東華醫院在日據期間,仍照樣提供婦產、救傷、贈醫施藥、收容垂死者,以至殯葬的服務,不啻是萬家生佛、功德無量。

在下踏入社會後,有機會得以聆聽眾多,尤其是金融行業的老前輩,細說當時的生活點滴。在他們的友儕中,有任憲查及密偵,為日軍作倀以欺壓同胞者;亦有囤積短缺日用品或糧食以圖利者,被稱為「發國難財」。

當時,有不少名為「走單幫」者,單人匹馬帶運物資往內地脫售以圖利。一位女長者告訴在下,她曾數次穿着及攜帶多件故衣,「走單幫」(多段路程為步行)往千里迢迢的韶關售賣,獲利以供一家溫飽。

南北行入口米商陳卓堅先生曾述及，他們不愁米糧，但其他物資則短缺。當年，一罐「孟山都牌」糖精，可換唐樓一幢。

當時，一幢唐樓的價值，為黃金三至四両不等。一両黃金的價格，由開戰前的港幣220元，暴升至淪陷後期的70萬元（軍票17、18萬円）。若干位精明的珠寶金飾商人，用他們估計會淪為廢紙的軍票，大舉收購金飾和珠鑽玉器，於和平後成為富商。

上述的幸運兒僅為鳳毛麟角的少數，大部分普羅市民在日軍的鐵蹄下，過着默默吃苦、朝不保夕的生活。

為了對這段日據時期的香港社會，以及市民的日常生活作進一步的了解，在下於十多年前，在香港大學圖書館翻閱多份1930至1940年代的《華僑日報》、《星島日報》、《華字日報》及《香島日報》，將當時的大事記、社會和民生等資料，分門別類地編排、記錄，冀能重組香港當時的面貌。2006年，承蒙香港大學美術博物館的邀約，編寫了一本《香江冷月——香港的日治時代》之拙著，並在該館舉行了一個主題相同的圖片展。

數月前，蒙商務印書館邀約，編寫一本日據時期香港的拙著，在舊版本《香江冷月》的基礎上作出調整和修改，添上若干新資料和多幅新照片及圖像，並增加了日據「之前」及「之後」的章節，期望可以將1937年至1948年「戰雲密佈」、「災難冷月」以及「和平安穩」的香港不同時間的社會面貌，作一個粗淺的敍述。

在此要特別鳴謝提供多幅新照片、圖像及資料的許日彤先生、吳貴龍先生，以及借用日本「每日新聞社」照片的香港歷史博物館，使這本新拙著生色不少。衷心感激！

鄭寶鴻 謹識

2020年6月

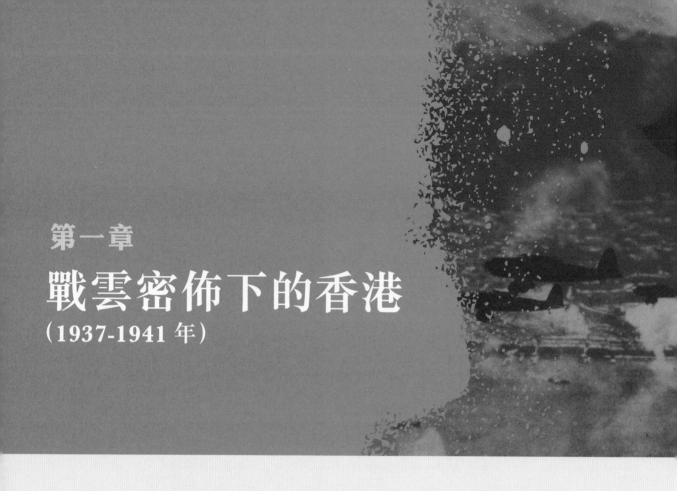

第一章
戰雲密佈下的香港
（1937-1941 年）

1937 年，日軍全面侵略中國，中國奮起抗戰。

同年 11 月 7 日，日戰機轟炸內地之林村九塘廈的九廣鐵路車站，以致早班及午班之九廣直通車快車受阻，延遲抵港。同時，有不少奸商向日方購買物資，或把軍用物資運往日本，以旅館作寄存和轉運站。全港旅業商會表決，一致拒絕奸商投宿。

1938 年 1 月 14 日，東華醫院為救濟難民，定期賣花籌款。

為抵制日貨，廠商於 1938 年 2 月 4 日，在聖保羅書院舉辦「國貨展覽會」，逐漸演變為工展會。

同年 10 月，廣州失陷，大量內地人士南來香港。

◀1937年5月12日開始，一連3日2夜慶祝英皇喬治六世（King George VI）的加冕巡行隊伍，正經過永安公司（右）及大同酒家（左中部）之間的德輔道中。大量（包括來自內地的）觀眾正在興高采烈地「睇出會」，一片歌舞昇平的景象。

▲ 加冕之夜的皇后像廣場。左方的高等法院、正中的
　皇后像廣場寶亭及背後的滙豐銀行皆滿綴燈飾，火
　樹銀花，璀璨耀目。其實那時相距 70 多里的中國
　內地，已是戰雲密佈，山雨欲來。

▲ 1937 年 9 月 1 日，一場奪去萬多生命的颱風吹襲香港後，中環海旁干諾道中滿目瘡痍的景象。一艘已沉沒及另一艘被吹擱上岸的巨輪的所在，約為現時的四季酒店一帶。當時已是「七七事變」後個多月，內地廣泛地區正遭日本戰機轟炸，但香港人仍相信英方有能力保衛香港。

◀ 約 1938 年的中環市中心，可見畢打街口的干諾公爵像、郵政總局、卜公碼頭和巴士總站，最高的建築物是鐵行大廈。

第一章　戰雲密佈下的香港

1939 年 1 月 13 日，防空總監談本港防空計劃，指政府將在各區挖掘避彈壕（防空洞），亦打算利用滙豐銀行大廈及告羅士打行作避難所。1940 年代中，在滙豐銀行對面、卜公花園、灣仔大佛山、跑馬地及油蔴地永星里等山坡段建成多座防空洞，每座可容數千人。防空當局亦擬將一切重要建築物，塗上防空色。

　　重建的中環街市，於 1939 年 5 月 1 日落成開幕。

　　當時，「東江別働隊」（東江縱隊）異常活躍，實力雄厚，常重創日軍，惟望香港各方捐贈棉衣。

　　8 月 15 日，中西區、深水埗及九龍城的小販，義賣籌款以捐助內地抗日，多間食肆及大牌檔響應，部分商店捐贈物資。

　　當時，大量內地工廠遷港，不少在荃灣設廠。

　　8 月 17 日，深圳再度失陷，數千難民聚於文錦渡。當時，港府決定若戰事爆發，將把市民移往附近離島。

　　當時，有緊急賑濟難民會、兒童保育會及華南難民工業社在香港成立，接濟從內地來港逃避戰亂的難民及兒童，在馬頭涌設難民營以安置，又興建安置逃難軍人的孤軍營。1940 年底，馬頭涌難民被遷往粉嶺。

　　1939 年 9 月起，英國與德國及意大利開戰後，港府拘禁兩國的僑民，送入包括喇沙書院等的集中營內。而包括意大利傳教士舉辦之天堂教總堂、意大利嬰堂女中學及華仁書院等皆照常辦事，但受到監視。

　　1939 年底，由各大商行組成，包括中區、堅道及西區等的多個自衛團，紛紛成立。

◀ 廣東抗日遊擊隊「東江縱隊」屢建奇功，神出鬼沒，一直為日軍的心腹大患，不時作出「大力」掃蕩。這3張照片為日軍對東江縱隊的「勇戰」及「掃蕩」之情景。（摘自《朝日畫報》，第三十一卷第四十二號）

第一章　戰雲密佈下的香港

東江南方地區
掃蕩戰
經過要圖

×は激戰地

▲ 約 1939 年的灣仔大佛山及海軍船塢（左）一帶。正中兩座大樓為夏慤大廈（和平後命名，右）及中國艦隊會所（左）。左下方的大佛山和萬茂台一帶正動工開闢數座防空洞。左中部可見停泊於海軍船塢內的白色軍艦「添馬號」。

◀ 東江縱隊由深圳至東江一帶的活躍地點，有 × 的地段為激戰地。（摘自《朝日畫報》，第三十一卷第四十二號）

▶ 多區街坊於 1939 年起組成自衛團，以保衛各自區域的治安，圖為「堅道街坊自衛團」的團章及獎章。（圖片由吳貴龍先生提供）

第一章　戰雲密佈下的香港

▲ 一座正在開闢中之防空洞，約
　1939 年。

▼ 由日本人拍攝干諾道中的外商
　（左）及華商（右）的商業和居住
　區，1939 年。

香港の市街
昭和十四年五月十五日廣東憲兵隊許可濟

▲ 1939 年，日軍轟炸深圳，英軍在邊境一帶加強防禦。

1940 年初，港府決議舉辦慶祝 1941 年開埠百週年的紀念活動，包括舉行大規模的展覽會，陳列本港的工業產品，又準備發行紀念郵票。會景巡遊則未能決定，因會景及燈飾等多來自內地，但內地多處已淪陷。

稍後，因戰事原因，決定暫緩舉行百週年紀念慶典，只由郵局發行紀念郵票，於英軍在百年前登陸的 1 月 26 日發行，以資點綴。惟因戰事以致郵票延期運抵香港，要到 1941 年 2 月 26 日才出售。

3 月 8 日，立法局通過開徵戰稅，以作戰時捐輸，包括對英政府的捐輸。

當時，面值 1 仙、5 仙及 10 仙的金屬輔幣短缺，市面找續困難，當局向英國定鑄一批 1 仙及 5 仙者，惟於運抵時本港已淪陷，遭日軍查獲並被運往日本熔掉，只餘下極少量，因而價值不菲。政府於 1941 年 6 月及 10 月，分別發行 1 仙、5 仙及 10 仙的輔幣券，供市面流通。

每年之農曆三月廿三天后誕，善信多往內地寶安縣的赤灣天后廟參拜。自中日戰事發生後，改為往港九各灣頭的天后廟，尤以硳齒灣（大廟灣）者香火最鼎盛。

9 月，留港之難民人數有 9,000 多名，分別居於京士柏、馬頭涌、北角、摩理臣山、大坑、凹頭及錦田；還有位於亞皆老街及荔枝角醫院的孤軍營。1941 年 12 月 9 日，孤軍全被釋放，以助抗日。

10 月，政治部警探搜查台灣銀行、《朝日新聞》及《香港日報》的辦事處。

12 月，當局再決定在醫院道、禮頓道、砵典乍街、西環及尖沙咀威非路兵房建防空洞，以抵禦巨型炸彈，先前各區所建者，大部分已完成。同年 10 月至 12 月，中區、堅道、西區及尖沙咀區的「自衛團」，紛紛執勤。

12 月 16 日，港府宣佈禁米出口，並規定售價。一號米每元 6 斤、三號米每元 8 斤半。

◀ 約 1940 年，由中環街市上望閣麟街。左方為高陞茶樓，右方為永春堂中藥行，街上人流不絕，熙來攘往。

1941 年 1 月 15 日，百年來首次實施移民法令、從內地及澳門來港者，需領移民證及接受檢查。同年 12 月 3 日，因大量居民離港，領移民證以便將來可以入境的居民大幅增加。

　　5 月，香港難民暨羣眾施粥會在港九設 4 座施粥廠，每日施粥 4,000 碗。

　　5 月 4 日，港府為杜絕米商壟斷居奇，規定米價每斤售價由 9 仙至 15 仙。又推行戰時糧食計劃，儲存罐頭、伙食及洋酒。又於香港仔設站，收購及儲存包括紅衫魚及鮫魚等魚類。

　　6 月 18 日，港督羅富國（Sir Geoffry Alexander Stafford Northcote）因健康問題辭職，由楊慕琦（Sir Mark Aitchison Young）繼任，後者於 9 月 10 日抵港，在娛樂戲院宣誓就職。

　　7 月 24 日，位於深水埗欽州街的深水埗戲院開幕，惟於 12 月 8 日被日戰機炸毀，成為最「短命」的戲院。

　　8 月 12 日，位於九龍城長安街的新九龍戲院正放映大觀公司影片《一碗飯運動》。該戲院及附近一帶地段，於淪陷時期被日軍拆平。

　　8 月 31 日，深圳日軍在大亞灣登陸，擴大封鎖本港，阻止鄉人運菜來港。

　　9 月 16 日，在港九各街市設「平糶站」，出售平價「衛生米」。又於灣仔街市開設公共飯堂，有鹵水白豆的白飯，每碗售 4 仙。

　　10 月 22 日，晚上實施燈火管制，防空人員動員，港口封鎖，禁止一切船隻出入，小輪提早停航。

　　11 月 2 日，一艘載有港府將痲瘋病人押往廣東某城的船艇，遭日軍開槍掃射。

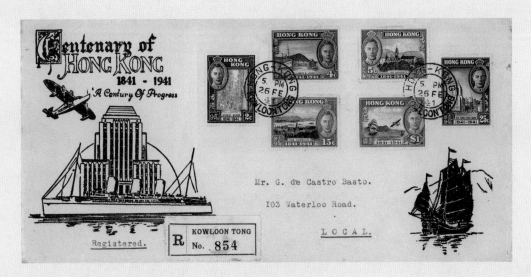

▲ 1941 年 1 月 26 日，為英國人統治香港百週年的日子，因
戰火關係，唯一的紀念慶祝是發行一套 6 枚的郵票。郵票
亦因戰火延遲抵港，要押後一個月才發行。圖案以小艇和
洋船、帆船、飛機、海港、大學、銀行等為主題。較獨特
的是左方 2 仙的一枚，是以 1940 年的閣麟街為設計主題。

▲ 正於統一碼頭開出、用作運送英軍的汽車渡輪「民讓」號，
1941 年。

◀ 英軍正在新界邊
境裝設大炮，約
1941 年。

◀ 因金屬價值高漲，
引致銅鎳質的輔幣
短缺，當局發行三
種紙輔幣以供行
用。圖為 1 仙（上）
及 1 毫（下）者。

11 月 11 日，中國工業合作社（工合）嘉年華會在加路連山區舉行。晚上，由孫中山夫人宋慶齡主持開幕。

11 月 18 日，香港中國婦女兵災籌賑會，假座北角麗池游泳場舉辦慈善餐舞遊藝大會。

12 月 1 日，華人代表羅旭龢爵士（Sir Robert Hormus Kotewall）在香港 ZEK 電台作緊急廣播，勸籲與香港防衛無關的居民及家屬，立即離開香港，輔政司史美（Norman Lockhart Smith）亦作出同樣的呼籲。人民入境事務局盡速辦理簽發離境證，未領離境證的華人只能出境，不能入境。

12 月 2 日，港督楊慕琦修正 1929 年的《滙豐銀行組織法》，依照 1941 年的「公司總行暫時遷移例則」第五段，把「須由股東特別會議決定」的條文，改為「由公司董事局或當地行務委員會決定」。3 天後，該行總經理祁禮賓爵士（Sir Vandeleur Molyneux Grayburn）「否認滙豐銀行遷移」，並表示港府修訂條例，只為法律上的更易。其實各方已預料到，戰事難免波及香港。

金銀業貿易場的金價，每兩由 220 港元，升至 252 港元。

同日，駐港英軍已開始駐守港九軍事要點，九龍及新界亦進行防空演習。為數 3,000 人的「衞坊保衞團」，已開始接受軍事訓練。亦有 2,200 名市民應民防招募處的招募，參加「民防部隊」。

同時，當局增派警察保衞各政府部門，亦派出後備警察（輔警）看守各商業大樓，並為他們準備帆布牀及棉被以供歇宿。此時，不少中區寫字樓，還有半山和山頂的住宅已被政府徵用，商行及居民紛紛他遷。

12 月 3 日，平糶會在筲箕灣設飯堂，供應廉價飯餸。

12 月 4 日，位於快活谷的「防空學校」，進行撲滅「夷燒彈」的演習，由當天起，警察不准請假。居民亦大量購存罐頭、鹹蛋等易於保存的食品。

12 月 5 日，中央警署警衛森嚴，前門大閘已被關閉，持特許證人士才能入內。

新界凹頭警署幫辦召集「元朗街坊自衛團」，指示他們於戰時可入屋搜查非法集會。同日，政府草擬有關戰時供應及分配糧食的辦法。

12 月 6 日，近 4,000 名居民參加「民防部隊」，特別是屬下的「糧食供應隊」較多人參加。而當時加入「義勇軍部隊」的市民已開始進行集訓和演習。屯門市民亦仿效元朗組織「自衛團」應變。

同日，在港日僑全撤，位於灣仔道的馬島醫院結束。

12 月 7 日，新輔政司詹遜（Sir Franklin Charles Gimson）抵港。同日，輔政司署劃為警戒區。

港府宣佈進入緊急狀態，並將實施無限期燈火管制，動員「義勇軍」參加軍事工作。義勇軍分有：工程隊、裝甲車隊、電單車隊、野戰炮兵隊、訊號隊、高射炮隊及戰地救傷隊。

當時，所有消防車的車身改髹上灰色。

同日，英國對芬蘭、匈牙利及羅馬尼亞宣戰，該等國家的旅港人士被視為敵國人，適合軍齡者，將被拘留。

第二章
攻防戰時期的香港
（1941 年 12 月）

1941 年 12 月 8 日，日本向英美宣戰，同日上午約 7 時，日戰機轟炸啟德機場，同時已入侵新界及九龍，並轟炸港九多處。

當日，港島銀行照常營業，提款者擠擁。

港督楊慕琦會同行政局及立法局，呼籲市民與「友邦中國人士及其偉大領袖蔣委員長」並肩作戰，彼此「互為同志」。

是日，新任輔政司詹遜宣誓就職，接替告退的史美。

日本駐港總領事矢野征記和領事木村，被香港軍警監視，領事館由警察接管，敵僑被拘禁。日本郵船公司及大阪商務會社被當局接管。羅兵咸核數師負責拍賣日僑商行。

當局開放防空洞，最多市民前往滙豐銀行對面的一座，防避日戰機空襲。其他較多人入避的防空洞有位於灣仔大佛口、萬茂台、灣仔街市旁以及皇后大道東華人書院附近等的若干座。每座防空洞可容數千人，內設電燈及火水燈各一，大小便就地解決。

政府亦徵用巴士，港島之巴士須駛往加路連山車廠，九龍的則駛往漆咸道軍用球場。港島之 3、4、6、7 號線巴士要停駛。

12 月 9 日，日戰機 7 次襲港，並攻下作為英軍要塞的城門堡。當局指示摩托船及汽船等自行沉毀。青洲、昂船洲、燈籠洲（吉列島）、東龍島等被列為防衛區域，任何人均不准登上。

各銀行的營業時間為上午 10 時至 12 時。尖沙咀碼頭及佐敦道碼頭因大量市民由九龍往港島避戰火，擠擁不堪，須領臨時通行證，西青會為發證處。

同日，《星島日報》報導日戰時環境，日報改出一大張，晨報停刊，晚報照出版，有重要新聞出第二版。

◀ 越過中英邊界羅湖橋的日軍土井部隊。（圖片由每日新聞社（日本）提供）

▲ 1941 年 12 月，進入大埔北盛街的日軍。（圖片由每日新聞社（日本）提供）

本港新聞

敵人竟向香港閃電襲擊
全體軍民一致起來役敵

行政立法兩局聯會
揭示行動重於空言

總督昨夕廣播演講
促請中英人士努力

戰時服務警人員
受傷撫卹法案

吾人須有堅決信心
鎮靜態度以應巨變

◀ 1941 年 12 月 9 日，《華僑日報》報導 8 日凌晨，日軍閃電襲擊香港的新聞。

◀ 正在進行防禦工事
的英軍，1941 年
12 月。（圖片由
許日彤先生提供）

▼ 登上青衣島的日軍
陸戰隊，1941 年
12 月 12 日。（圖
片由每日新聞社
（日本）提供）

第五屆國貨展覽會（工展會）原於 12 月 20 日起舉行，廠商已認定攤位，會場及攤位的部分亦蓋搭好，但最終卻不能開幕。

12 月 9 日，九龍淪陷，由於糧食難購，而且物價高漲，多間酒樓、茶樓茶室及食肆決定於週內停業。

當局在各區陸續開設公共飯堂及經濟飯店。最先派飯的是位於灣仔修頓球場貝夫人健康院旁的一間。高陞茶樓因被當局徵用作「防空救護員飯堂」而停業。另一間同位於皇后大道中的華南酒家，亦被徵用作「公務員飯堂」。

為防止食客於空襲時逃走而不結帳，不少食肆要求食客點餐後先付款。

九龍淪陷次日，各米店存貨一早售罄，黑市米價暴漲，穀米統制局派人巡視港島米店，強制店舖開門售米，並嚴禁囤積及抬價。

政府開設的糧食供應站增至 185 個，以每港元 7 斤 10 兩的價格售米，每人限購 2 港元。數日後，連卡佛餐室開售白米，每磅 2 毫，每人限購 4 磅。有數人因不守秩序被警察拘捕。肉類及臘味等價格亦飛漲 2 倍。

當時，物資嚴重缺乏，不少人在皇后大道中、皇后大道西的路上擺設攤檔出售家用物品，套現以購糧食。當時 1 元輔幣短缺，當局徵用商務印書館印製的一批中國銀行之國幣 5 元鈔票，在票面加印「香港政府壹元」的中英文字樣，供市民行用。

12 月 10 日，日戰機三次入侵港島地區。

銀行繼續營業，但各銀號則暫時停業，只有少部分找換枱營業，以便市民兌換國幣。政府下令米店開門賣米，各區陸續開設公共飯堂。

12 月 11 日，港島多處遭日戰機襲擊。港府下令全港中英正規、後備及特務警察執行戰鬥員任務，九龍的守軍亦全數返港防守。來不及撤退的，惟有泅水返回港島。

同日，當局下令食肆於每天上午 8 時至日落照常營業。

12 月 12 日，差不多整個九龍及新界已落入日軍手中。

12 月 13 日，日軍向港督勸降遭拒。

12 月 14 日，華人代表羅旭龢、李子方和譚雅士在電台聯名廣播，指當局決定堅守港島，「直到蔣委員長精兵到達」。

當局嚴懲歹徒，格殺勿論，多處發現歹徒屍首。因軍警全力作防衛戰，歹徒到處刧掠，尤其是處於「真空」的九龍。

太古糖廠對面的「太古村」（所在現為太古坊一帶）設有臨時疏散住所，鰂魚涌一帶的居民紛紛攜帶行李入住，瞬即住滿。

12 艘油蔴地小輪公司渡輪，包括大型汽車渡輪，被當局鑿沉以阻日軍登陸港島，還有被鑿至半浮沉於灣仔燈籠洲（吉列島）附近海面的「添馬號」軍艦。

多間酒店，包括淺水灣酒店已告客滿。告羅士打酒店讓避難的市民在每層走廊設帆布牀睡宿。

因戰事關係，食水供應系統發生嚴重故障，當局鼓勵市民改用井水。由於公廁無水沖廁，糞坑滿溢，每處街喉均有百多人輪水，容易成為日軍轟炸目標。

▲ 為應付市面急需的 1 元鈔票，香港政府徵用位於北角書局街、英皇道之間的商務印書館已印備之一批中國銀行國幣 5 元鈔票，並加印「香港政府」及「壹圓」的中英文字樣，供市民行用。

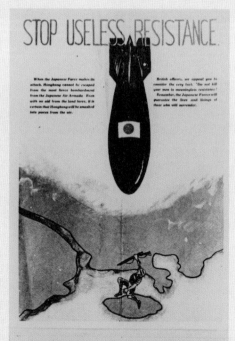

STOP USELESS RESISTANCE.

When the Japanese Force makes its attack, Hongkong cannot be escaped from the most fierce bombardment from the Japanese Air Armada. Even with no aid from the land force, it is certain that Hongkong will be smashed into pieces from the air.

British officers, we appeal you to consider the very fact. "Do not kill your men in meaningless resistance! Remember, the Japanese Force will guarantee the lives and livings of those who will surrender.

British officers and men! What do you expect in your useless resistance after having been cornered in this small island of Hongkong? If you are waiting for the Chungking troops to stir up the Japanese rear it will only end in a fool's dream. The Malay Peninsula and the Philippines are now under the sway of Japanese forces and their fate is completely sealed.

Your comrades brought to Kowloon, have already been sent to Samchun and they are calmly enjoying a peaceful X'mas. you are at the cross-road now. It's all up to you whether you prefer death or save your life for the future.

We will give you the last chance for your reconsideration, If you surrender to us, the ultimatum ends at midnight of Dec. 26th.

JAPANESE ARMY COMMANDER

◀ 日軍司令部的英文「勸降」傳單，1941 年 12 月。

▼ 1941 年 12 月 8 日，日軍的「陸鷲部隊」飛機正在香港進行轟炸。（摘自《歷史寫真》第 344 號）

◀ 1941 年 12 月 10 日的港島以及已被日軍完全佔領的九龍。左下方為金鐘海軍船塢。（摘自《歷史寫真》第 344 號）

◀ 1941 年 12 月 8 日，日本戰機轟炸香港的情景，前方為海軍船塢。（摘自《歷史寫真》第 344 號）

◀ 1941 年 12 月 8 日，轟炸香港的日軍飛機羣。日軍當局形容香港軍事設施及艦艇等損失甚大。（摘自《歷史寫真》第 344 號）

第二章　攻防戰時期的香港

▲ 1941 年 12 月 8 日，港島統一碼頭一帶的情景。（摘自《歷史寫真》第 344 號）

▲ 1941 年 12 月 8 日早上，日本戰機轟炸港九多處的情景。（摘自《大東亞戰爭畫報》第六年第一號，1942 年 1 月 8 日）

▲ 1941 年 12 月，港島西區被轟炸的情景。（摘自《大東亞戰爭畫報》第六年第一號，1942 年 1 月 8 日）

12 月 14 日，威士文餐室縮短對西人售餐的時間，同時要求食客出示由「糧食統制處」發給的證明卡。

12 月 18 日晚上，日軍登陸北角、太古船塢一帶及西環，在港島展開激烈的交戰，半山遭猛烈轟炸。日軍向市民搜索財物，並施凌辱。

12 月 19 日，日戰機向港島市中心投彈 70 多枚，英軍堅守黃泥涌峽。

12 月 20 日，當局提供 7 個疏散營，分別位於太古、大坑、赫頓道、香港仔、布力菲爾山及中灣。營中有糧食供應，但居民須自尋庇護、或挖地洞避彈片。此時，港九共有 500 多個防空洞及防空室，各街道的居民亦陸續建造鐵閘及杉閘以防歹徒，並安排「保衛團」作守衛。

12 月 21 日，港軍在黃泥涌、淺水灣和北角等地與日軍作戰。

12 月 8 日的港島市中心區，可見滙豐銀行、高等法院及木球會一帶。（摘自《大東亞戰爭畫報》第六年第一號，1942 年 1 月 8 日）

當時，防空總監表示，中國已派服務部隊駐港服務。隊員臂章上有「香港」字樣，以及蔣介石委員長繡像作標誌。

12 月 22 日，銅鑼灣法國醫院彈痕纍纍，病人被遷入法國教堂。法國嬰堂約 50 名孤兒被送往澳門，由澳門教士管理，於 1946 年初被送回港。

當時消防局呼籲各街坊自組「防火隊」。

牛奶公司及各百貨公司的食品部，無不利市百倍。鐵崗（己連拿利）牛奶公司（現藝穗會所在）伙食部，出售零碎肉食。市民由凌晨起排隊購買，人龍由雲咸街起排至皇后大道中。

翌日，各公司限購，每人限購肉類 2 毫，罐頭一款，牛油或芝士四分之一磅。

日軍在北角登陸後，存於北角的柴薪未能供應市場，以致廢木、紙碎皆成為珍貴燃料。

▲ 港府約於 1940 年在九龍（估計為深水埗）築建的防空壕，1941 年 12 月。
（摘自《大東亞戰爭畫報》第六年第一號，1942 年 1 月 8 日）

▲ 1941 年 12 月，日軍佔領九龍後，「宣傳班」人員在宣傳車上廣播，地點
估計為旺角。（摘自《大東亞戰爭畫報》第六年第一號，1942 年 1 月 8 日）

▲ 在新界的日軍炮兵部隊，1941 年 12 月。（摘自《大東亞戰爭畫報》第六
　　年第一號，1942 年 1 月 8 日）

香港當局決定堅守
直至我國精兵到達

強調聲明香港保衛力量強大糧食充足

（特訊）昨晚香港華人四代表羅旭龢博士、羅文錦律師、李子芳先生、譚雅士律師，聯名播講。大意略謂：「現逢代表香港政府通知全港居民。現目香港軍事計劃，乃是照關於香港時局消息，直至蔣委員長精兵到達。港府又強調發明，香港保衛力量，極為堅強，糧食非常充足，亦認為保衛香港，對於中國極為重要。至於陳策先生，謂中國政府，日軍可由此門戶進攻中國，倘此路一通，守香港乃中國門戶。保衛香港，即是保衛中國門戶。以愛國之大無畏精神，嚴守秩序，勿聽謠言，各盡其力，協因香港乃中國門戶，以已有種種方法，維持治安。助政府」云。（建）我爭取屬華人代表，勸勉各位華僑，

◀ 1941 年 12 月 15 日，
　報章上有關期待中國精
　兵到港的頭條新聞。

北角寶馬山決戰後的日軍和軍馬，1941年12月。可見遭炮轟後，彈痕纍纍的樓宇。（摘自《大東亞戰爭畫報》第六年第一號，1942年1月8日）

1941年12月中，尖沙咀彌敦道與中間道交界的遠東車房（現國賓大廈及遠東大廈）。半空可見「日軍保證商民安居樂業」的氣球標語。（圖片由每日新聞社（日本）提供）

▲ 在九龍的日軍正對港島進行炮轟。（圖片由每
　　日新聞社（日本）提供）

▲ 1941 年 12 月，沿梳士巴利道前往尖沙咀碼頭
的日軍。（圖片由每日新聞社（日本）提供）

◀ 描述日軍對香港島
進行最後總攻擊的
明信片。可見港島
烽煙四起。

12 月 23 日，政府警告市民夜間不准喧嘩及將燈火外溢，
否則警察會依戰時緊急法例，開槍射擊。

港府開始徵用「華人義勇軍」，不少人投効。

當時，在北角的日軍，連同穿藍衣的偽軍，每日登門叩查居
民的姓名及職業。

因食水供應系統被炸毀，中、上環各區已停水數天，各街
喉均大排長龍。因無水沖廁，公廁糞積如山。當局鼓勵市民「掘
坑埋糞」。

12 月 24 日，油蔴地官涌油庫中彈焚燒，延及民居，大角
咀油庫亦中彈，焚燒兩日未熄。

同日，中環街市飯堂繼續派飯，甚多市民領取。

12 月 25 日，雖有援港國軍反攻的消息，但未能實現。

港督楊慕琦發表聖誕賀辭。下午約 5 時，港督渡海往設於
半島酒店的日軍指揮部，向日軍中將酒井隆投降。

由 1941 年 12 月 8 日至淪陷初期，大部分商店關門停業，
惟街頭小販則十分活躍。荷李活道、中環至西營盤一帶的皇后
大道，以及部分橫街皆熙來攘往，恍如歲晚鬧市。荷李活道的小
販多售賣食物，如湯圓、薄撐、菜、粥、腸粉及餅乾等。皇后
大道中則以販賣日用品為主，如火柴、肥皂、毛巾、牙刷、洋
燭、臘味、豬肉、瓜菜、鹹味等，不下千餘檔，不少檔主為影
劇伶星。價格比戰前貴約 2 倍有多，但大部分品質低劣。

（香港憲兵隊檢閱濟）

華人風景街

▶ 九龍淪陷後，不少出售雜物和食品的臨時攤檔，仍設於港島多條街道。攝於德忌笠（德己立）街近士丹利街。

▶ 在九龍站崗面向港島中區的日軍，1941年12月。

40

▲ 日軍於港島登陸
後，在東角現百德
新街一帶進行猛烈
炮轟，右下方為「卜
內門」貨倉。（圖片
由許日彤先生提供）

自沈せるテ！マー號

嘗ては生麥事件に關聯して不遜にも帝領土薩摩を砲擊
に來りたる６反擊せられ周章碇錨を放棄したま、退却
し其の倭英國香港方面最高指揮官の司令部に充てられた
軍艦テ！マー號も大東亞戰爭勃發と同時に自沈す

大東亞戰一周年記念
17.12.8.
香港

▲ 日軍當局於 1942 年發行的紀念明信片，描繪於 1941 年 12 月 12 日至 18 日
間在灣仔海面（現紅磡海底隧道出入口一帶）被港府自行炸沉的「添馬號」軍
艦。半浮沉的狀態一直維持至和平後。

▲ 日本人描繪日軍奪取
　黃泥涌峽高射炮陣地
　的情景。

▲ 1941 年 12 月 18 日，
　在港島市區進行攻擊
　的日軍。（摘自《讀賣
　新聞》，1941 年 12 月
　26 日）

Daily Express

No. 12,971 — Saturday, December 20, 1941 — One Penny

BLACK-OUT 5.14 P.M. ZERO HOUR TO-NIGHT UNTIL R.14 A.M.

THE JAPS GO FORWARD

BRITISH GARRISON ON INVADED HONGKONG ISLAND REPORTED TO BE MAKING LAST STAND AT VICTORIA PEAK, FORTIFIED PICNIC RESORT. PENANG ISLAND, MALAYA, EVACUATED; JAPS ADVANCE ON MAINLAND.

RUSSIANS TAKE THREE MORE TOWNS ON MOSCOW FRONT, THREATEN GERMAN FLANK AT MOJAISK. BRITISH IN LIBYA TAKE DERNA AIRFIELD, CUT OFF AXIS FORCES IN PORT OF DERNA.

THE GERMANS GO BACK

HONGKONG GARRISON FIGHT TO THE LAST

'Final stand' at picnic mountain turned into a Gibraltar

HONGKONG, FIGHTING TO THE DEATH WITH SWARMS OF JAPANESE WHO LANDED YESTERDAY AT MANY POINTS ON THE ISLAND, TREATED WITH SCORN A THIRD OFFER OF SURRENDER TERMS, AND THEN SILENCE.

Late last night it was officially announced in London:—

The report from Japanese sources that Hongkong has been in Japanese hands since this morning cannot be confirmed or denied, as no communication has been received from the colony since early this morning."

Berlin, quoting Tokyo reports, said the Jap flag had been hoisted in the port of Hongkong, and that points of final British resistance were being broken.

Tokyo announced last night that the remaining defenders of the colony had withdrawn to Victoria Peak, the 1,800 ft. "picnic mountain" on the western end of the island, where they were putting up a last stand.

PENANG EVACUATED

From Malaya came news that Penang, the tin and rubber port on the west coast, had been completely evacuated.

British forces "battling on the mainland" above Penang have withdrawn to a new defence line south of the River Krian.

The main battle of the peninsula is now in this state, where a bold stand is possible.

Hand-to-hand fights on Hongkong shore

UNDER a pall of smoke, which the Japanese said came from blazing oil tanks, Hongkong Colony began an heroic fight to a finish for its 100-year-old British status yesterday under its "No surrender" Governor, Sir Mark Young.

Swarms of Japanese troops landed during Thursday night and yesterday. Streams of Japanese planes dive-bombed the defences.

Although Tokyo claimed that the island was in Japanese hands by 11 a.m., later messages poured in by cable and radio mentioning furious British resistance.

Last night, Domei, the Official Japanese Agency, said the invading forces were "keeping up a smashing offensive against the British defence forces under cover of artillery and air bombardment."

CANADIANS' FIRST

In a detailed account of the landings last night, a Japanese reporter cabled to Tokyo that the remaining British forces still in the fight had retired to the highest point in the island—Victoria Peak.

Hongkong's garrison consists of Canadians, who arrived in November, and the normal garrison of Indians, with technical and engineering units from Britain.

It is the first time the Canadians have been in battle in this war.

Victoria Peak is the Gibraltar of Hongkong. It has many natural caves which have been developed as vast air-raid shelters.

It dominates the western end of the island, overlooking the capital, Victoria, above which the Japanese claim Jap flag is flying.

The mountain is 1,800 feet high, and is a picnic spot for the races of the island in peacetime.

The news is grave, says Duff Cooper

SINGAPORE, Friday.

MR. DUFF COOPER, who was today appointed Resident Minister in Singapore with Cabinet status, said tonight in a broadcast : "The news is grave.

"Our forces have been obliged to retreat in north-west Malaya and as this exposes Penang to attack and we have not sufficient troops to garrison it, it has been necessary to evacuate the majority of the civilian population.

"Let us not blind ourselves to the gravity of the situation or the seriousness of the task that awaits us.

"Let us frankly admit that so far the Japanese have been extremely successful."

FOOTNOTE by Express Military Reporter Morley Richards:—

Penang, normally the naval base, is now heavily shelled.

12-HOUR SHELLING

It is beautifully wooded, commands magnificent views, and is studded with magnificent bungalows, country clubs, and sanatoriums set in English style gardens.

Here is the Japanese reporter's account of the battle for Hongkong.

"While Japanese forces waited to embark our artillery kept up a 12-hour non-stop bombardment of the enemy batteries.

"The first detachments embarked at 9.15 p.m. last night in two waves surrounded the north-eastern part of

— BACK PAGE, COL. SEVEN

JAPS CLAIM A CAPITAL CITY

IN messages from Kowloon, the Japanese claim to have "occupied Victoria, the capital of Hongkong island."

7,000,000 U.S. MEN TO MARCH

Express Staff Reporter

NEW YORK, Friday.

SEVEN million Americans will march to war during the next year.

That was the expectation in Washington tonight as Congress adopted a compromise Conscription Bill. The Senate and House of Representatives agreed to call men aged 20 to 44 inclusive into military service.

5,000 Italians drowned

TUNIS, Friday.

TWO Italian cruisers, one destroyer and three transports were sunk in the Mediterranean with the loss of 5,000 men on December 13. It is learned in Tunis tonight.

About 1,800 Italians are reported to have been drowned.

NAZIS SENT TO BIZERTA

Express Correspondent

CAIRO, Friday.

DESPITE the undoubted toughening of the French attitude towards the Axis following the entry into the war of the United States, Hitler is insisting on using Bizerta as a naval base.

ONE BURST—Two Junkers

A pilot flying an old-type Hurricane over the North Sea yesterday met two Junkers 88's.

He fired a burst at one. It exploded into the other and both crashed into the sea.

Lt-Com. resigns Navy job—'Call me mister'

Express Naval Reporter

LIEUTENANT-COMMANDER REGINALD FLETCHER, R.N., Socialist M.P. for Nuneaton, made the surprising announcement last night that he had resigned his position as Parliamentary Private Secretary to the First Lord of the Admiralty. He also said that he wished to be known in future as Mr. R. Fletcher.

— BACK PAGE, COL. FIVE

Jap bombers kill children

Dutch town raided

BATAVIA, Friday.

BOARD of people, a number of schoolchildren among them, were killed in a Japanese air raid on the town of Pontianak, Dutch West Borneo, it was officially announced today.

NO TRAINS Eire warned

Withdrawal of all passenger trains has almost temporarily. This forecast yesterday by Eire's Great Southern Railway. The company is believed to have only one train in service.

Woman kills two German soldiers

STOCKHOLM, Friday.—A 28-year-old Russian woman, Maria Maximkova, contained to Brussels cells that she killed two German soldiers by stabbing them in a cafe.

Roosevelt promotes Philippines general

WASHINGTON, Friday.— President Roosevelt today promoted Lieutenant-General Douglas MacArthur, commander of U.S. forces in the Philippines, to the rank of general.—Reuter.

Germans in Derna are cut off

Express Staff Reporter ALAN MOOREHEAD

OUTSIDE DERNA, Friday.

THE Germans are still on the run in Libya. By last night they had retreated over 70 miles in three days and were still falling back, pursued by the British in every sector.

ROMMEL ESCAPES IN BOAT

Express Military Reporter

IT was unofficially reported to me in London last night that General Rommel has escaped from Bardia in a motor-boat after the defeat of his Libya army.

Hurricane bombers

We are already in possession of the airfield on the escarpment 6} miles from the town.

RUSSIANS THREATEN MOJAISK

Express Staff Reporter

STOCKHOLM, Friday.

RECAPTURE of three towns on the Moscow front, and the wiping out of a whole German division with the death of the general commanding, are announced in tonight's Russian communiqué.

WORLD WAR NEWS 3 A.M. LATEST

GERMANS LOSE 22,000 MEN IN SIX DAYS

MOSCOW, Friday—Germans lost 22,000 men killed or wounded on the Moscow Front between December 11 and 17, said Soviet Information Bureau tonight.

— BACK PAGE, COL. FIVE

For the lads in the Navy

Thank them with **Manikins** 5 for 1/3 this Xmas

▲ 轟炸香港的日軍，1941 年 12 月。（摘自《寫
真週報》第二百零一號，1941 年 12 月）

▲ 日人描繪港九新界及內地的地圖，1941 年。由右方大鵬角至左方赤灣
廟的深圳河以北早已陷日。（摘自《寫真週報》第二百零一號，1941 年
12 月）

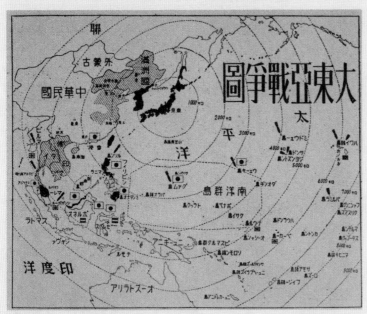

▲ 1942 年 1 月 21 日，《寫真週報》刊登的「大東亞戰爭圖」，標示香港已經
淪陷。（摘自《寫真週報》第二百零一號，1941 年 12 月）

◀ 港督楊慕琦，背後是周埈年，1941 年。

▼ 1941 年 12 月 25 日黃昏，在半島酒店 336 號房內燭光下的受降儀式。右二是坐於主席位的日軍中將酒井隆，三名英軍將領正望向不在照片中的港督楊慕琦。（圖片由每日新聞社（日本）提供）

46

日人描繪受降儀式
的情景。右二為港
督楊慕琦。在坐着
的日軍中，左二為
酒井隆。

1941 年 12 月 28
日，舉行日軍「入
城」的儀式，正經
過灣仔軒尼詩道。
騎馬領前的是酒井
隆。（圖片由許日
彤先生提供）

第二章　攻防戰時期的香港

▲ 在灣仔軒尼詩道進行「入城」儀式的日軍,正步向史釗域道及克街。(圖片由每日新聞社(日本)提供)

▼ 從滙豐銀行拍攝「入城」日軍抵達德輔道中。右上方是木球會(現遮打花園),左方是高等法院,右下方是已拆平之舊大會堂的地盤,所在現為中國銀行大廈。(圖片由每日新聞社(日本)提供)

▲ 1939 年的中環餐廳區，右方可見安樂園。

▲ 1941 年 12 月，在太平山頂眺望尖沙咀一帶的日本軍人。（圖片由每日新聞社（日本）提供）

◀ 中環皇后大道中，1941 年 12 月 27 日。這一帶的多家食肆仍然營業，勝斯酒店招牌的左方是娛樂戲院。（圖片由每日新聞社（日本）提供）

▶ 1941 年 12 月 26 日，在遮打道站崗的日本軍人。（圖片由每日新聞社（日本）提供）

第二章 攻防戰時期的香港

第三章
日軍統治階層

香港總督投降翌日之 12 月 26 日，日軍司令酒井隆在半島酒店成立軍政府。

1942 年 2 月 20 日，日軍在滙豐銀行總行大廈設立「香港占領地總督部」，代替軍政府。首任總督為磯谷廉介，酒井隆離港。

由總督磯谷廉介統率的總督部，轄下有 8 個「分部」及 10 個「課」，以下為各「部」的主管：

分部	主管	轄下機構
參謀部	參謀長為有末次中將，後由菅波一郎繼任	其轄下有防衛隊及憲兵隊，憲兵隊隊長為野間賢之助
民治部	總務長為泊武治，部長為市來吉至	轄下有商業課、衛生課、文教課及庶務課
財務部	部長為中西有三	轄下有金融課和稅務課
經濟部		轄下有產業課、軍事費課
報導部	部長為西川，後由升久、久保日外、鹽見中佐繼任	

分部	主管	轄下機構
外事部	班長為服部恆雄，後由黃田多喜夫繼任	
交通部	部長為高松順茂	轄下有海事課、陸軍課、土木課、下水課
管事部		

　　總督部各機關的文員，均佩戴黃色或黃白色的臂章。後來改用圓型的小襟章，中間有綠底銀色五角星一顆，內有「督」字。

▲ 約 1939 年的皇后像廣場。正中可見亞力山打皇后像，
　以及右方面向滙豐銀行的昃臣像。滙豐銀行總行大廈
　於淪陷時期曾被用作「香港占領地總督部」。

▲ 已變身為「告諭亭」的皇后像寶亭，以及背後由滙豐銀行總行大廈改成的「香港占領地總督部」，約1942年。

▲ 站在「香港占領地總督部」（滙豐銀行）前的總督磯谷廉介，1942年2月20日。（圖片由每日新聞社（日本）提供）

◀「香港占領地總督部」前的磯谷廉介（左）及日軍，1942年2月20日。右方為太子行。（圖片由每日新聞社（日本）提供）

　　1943 年 1 月 14 日，報載總督磯谷廉介，連同參謀長菅波
一郎、總務長泊武治等，在總督部（滙豐銀行）二樓試劍為樂。

　　1944 年 12 月 23 日公佈，磯谷廉介被調往台灣任行政首長。

　　1945 年 1 月 10 日，由南支派遣軍司令田中久一中將，繼
任香港總督。

　　1945 年 3 月 1 日，由於盟軍戰機多次轟炸，日軍損失大量
船隻，物資缺乏，日當局將民治部、財務部、交通部及經濟部
等，連同其轄下的多個課，重組為「第一部」及「第二部」，下設
6 個「課」，以促進運輸和交易。

第一部，以增強生產為主要任務，部長為樂滿金次，其轄下有：

　　第一課　管理民政及文教；

　　第二課　管理產業；

　　第三課　管理財務。

另設「衛生局」管理衛生。

第二部，以促進交易為主要任務，部長為堤正威，轄下有：

　　第四課　管理交通及運航；

　　第五課　管理造船；

　　第六課　管理通信及土木。

◀ 各區區政所人員在「昭和廣場」（皇后像廣場）集會，慶祝日軍於 1942 年 2 月 15 日佔據新加坡。（圖片由每日新聞社（日本）提供）

香港占領地總督
田中久一中將繼任
希望港人為宗遂聖戰作進一步努力

香港占領地總督部發表
招待會席上日華人民代表表明協力決意
（昭和二十年一月十日十二時）

香港占領地總督磯谷廉介，奉調任陸軍中將田中久一接替，令行發表週知。

（特訊）新任占領地總督部，有將任總督磯谷……繼任續督一職……已市報退窘六……

◀ 1942 年 1 月，市
民經過金鐘道海軍
船塢的站崗日軍。
背景為現時的高等
法院。（摘自《寫
真週報》第二百零
一號，1941 年 12
月）

◀ 另一站崗的日本軍
人，約 1942 年。

第四章
兩華會與華人代表

1941 年 12 月 26 日，日軍當局委任以羅旭龢爵士為首的社會紳商名流，組成善後管理委員會，以解決各項民生問題。

1942 年 3 月，為免除「官民間之隔閡」，日軍當局撤銷善後管理委員會，隨即成立以羅旭龢為主席的華民代表會，及以周壽臣爵士為主席的華民各界協議會，即所謂「兩華會」。

「兩華會」的代表成員，有包括陳廉伯、李子方、李冠春、何甘棠及劉鐵城等社會賢達，作為日軍當局施政的「諮詢」及「協力」機構，實際上並無影響力。同時，當局亦組成以「兩華會」成員為骨幹的華民慈善總會，管轄各慈善團體。

其他繼續存在的社團，主要有以葉蘭泉為主席的中華廠商聯合會，以及以董仲偉為主席的華商總會（現中華總商會）。

1944 年 1 月 30 日，華民各界協議會副主席李冠春辭職，由郭贊接任。

華民代表陳廉伯是 1924 年廣州「商團叛變」的主角。該叛變被孫中山平定後，陳廉伯潛逃至香港。於 1944 年 12 月 24 日，陳廉伯乘搭省港船「嶺南丸」時，盟軍戰機炸沉船隻，他同被炸死。

　　1945 年 8 月 1 日，羅旭龢病後調養，請假一個月，停止參與政事。

▲ 羅旭龢 爵士（摘自《香港華商總會年鑑》，1939 年）

▲ 日據期間的代表陳鑑坡（摘自《香港華商總會年鑑》，1939 年）

▲ 中區區長冼秉熹（摘自《香港華商總會年鑑》，1939 年）

▲ 周壽臣爵士（摘自《香港華商總會年鑑》，1939 年）

▲ 日據期間的代表郭贊（摘自《香港華商總會年鑑》，1939 年）

▲ 日據期間的代表譚雅士（摘自《香港華商總會年鑑》，1939 年）

第五章
區政

港九與新界區政

香港淪陷後，日軍立即設立區政聯絡所，以管理民政事務。

1942 年 2 月 20 日，總督部成立之後，區政聯絡所被改組為香港地區事務所及九龍地區事務所。

香港地區事務所轄下有 12 個區政所，包括：中央區（中環）、上環、西營盤、石塘咀、山王台（西環）、灣仔、鵝頸、競馬地（跑馬地）、銅鑼灣、筲箕灣、元香港（香港仔）及赤柱。

九龍地區事務所轄下則有 7 個區政所，包括：第一（九龍城）、第二（深水埗）、第三（旺角）、第四（油蔴地）、第五（尖沙咀）、第六（紅磡），以及名為「特別區政所」的九龍塘。同年 7 月 10 日，號碼被取消，改用地區名。

新界地區則有一荃灣區政所。

上述共 20 個區政所各設一名區長。

同時，總督磯谷廉介公佈區管法令，規定市民有關居住、出入境、營業及物資出入口等的法規和申請手續。所有申請均要由區政所的代書處代填，辦理的市民要大排長龍。

5 月 23 日，當局規定工商界、在職人士、商會會員及小販，均須向工會申領身份證，再由工會轉呈當局備案。而公司或商號夥伴、店員，則由東主自發證明書，無證明書的「無業遊民」將被拘禁，強遣返鄉。

7 月 20 日，地區事務所改為 3 個，增加 1 個新界地區事務所，區政所的名稱則改為區役所。區役所改組為共 28 個。

當時港島仍分為 12 區，計有：中區、西區（上環）、水城區（西營盤）、藏前區（石塘咀）、山王區（堅尼地城）、青葉區（跑馬地）、春日區（鵝頸）、東區（灣仔）、銅鑼灣、筲箕灣、元港區（香港仔）及赤柱。香港地區事務所亦管轄大嶼山、長洲及坪洲等離島。

中區區役所設於渣甸行（怡和大廈），東區區役所設於貝夫人診療所。

九龍則分為 9 區，包括：鹿島區（九龍塘）、元區（九龍城）、青山區（深水埗）、大角區（大角咀及旺角）、香取區（油蔴地）、湊區（尖沙咀）、山下區（紅磡）、啟德區（牛池灣至鯉魚門）及荃灣區。

新界地區事務所轄下則有：大埔區、元朗區、上水區、沙田區、沙頭角區、新田區及西貢區共 7 區。一年後，西貢區改隸九龍。

香島日報增刊

香督令（第二六號）

茲制定香港占領地總督部區制如左

昭和十七年七月二十日

總督　磯谷廉介

香港占領地總督部區制

香督令　第二十七號

中區　西區　東區

水城區

山王區　青葉區　春日區　藏前區　銅鑼灣區　筲箕灣區

九龍地區事務所管內

鹿島區　赤柱區　元澄區　東大區　香取區

元港區

大角區　青山區

滿區　香取區

新界地區事務所管內

大埔區　沙田區　沙頭區　上水區　新田區　元朗區

▲ 香港地區中區區役所內的民眾「相談所」，1942 年。
（摘自《寫真週報》第二百五十號，1942 年 12 月）

◄ 1942 年 7 月 20 日，《香督令》第 26 號港九新界「區制」指定各區所轄屬之街道。

　　7 月 22 日，當局公佈名譽及義務性質的「區長」及「區會員」名單，獲委任者皆為社會名流，包括冼秉熹（中區）、關心焉（鹿島區）、黃伯芹（青山區），以及區會員的林子豐、雷瑞德、高卓雄、許讓成、何傳耀及李仲莊等。

　　同時，當局亦實行「戶口」及「鄰保機構」制度，辦理家屋登記，以及米糧和其他必要物資的配給。另外又成立歸鄉指導事務所，飭令「無留港必要者」歸鄉。

　　2 個月後，為配合戶口制度實施，選出多名「鄰保機構」的「班長」，負責該區居民事務，居民有事可找班長，由班長報告區役所處理。

　　1943 年 2 月中，各種「屆書」和「願書」（申請文件），如渡航、來港定居及戶籍等的申請，須先由區役所核對戶籍，獲蓋章證明後才遞交憲兵隊辦理。

1944 年 4 月 1 日，生死、居住及遷居等手續，須先取得鄰保班長的蓋印，才可送往區役所核實。

4 月 15 日，實施鄰保班的新結構，取消組長，增選班長。以 50 戶為一班，10 班設一代表，代表負責連絡區役所。當時全港共有 12 區，共設班長 2,150 名。

同年 7 月底，中區地區事務所及中區區役所，由渣甸行（怡和大廈）遷往孖沙街原金銀業貿易場所在。銅鑼灣區役所則遷往聖保祿書院。當時，聘請或解僱員工皆要到地區事務所辦理手續。

1945 年 4 月 1 日，區役所須自籌經費，商戶為每月軍票 50 円至 300 円，個人則為最少 20 円。

一個月後，香港 12 區陸續成立保衛團，團費亦由居民負擔。

離島區政

日軍佔領長洲、坪洲和大澳等離島後，即召集街坊成立自治委員會，兼辦郵政業務。長洲由長洲憲兵派遣隊接駐。

當時，有憲兵派遣隊在各離島駐守。由港九地區運送物資前往離島，須先向總督部申請許可，違例者除物資被沒收外，還遭重罰。

離島居民生活困苦，多數農場被日軍佔據，農村破產。不少漁民因出海捕魚而被取消戶籍，迫令歸鄉。

1943 年 4 月，長洲有水陸居民 17,000 多人，約 5,000 人已被遣返。

5 月 11 日，總督磯谷廉介視察坪洲、梅窩、長洲和大澳等的自治委員會。農林系主任大山亦曾往南丫島、蒲台島視察，擬推進兩島的農林發展。兩島分別由香港仔區役所及赤柱區役所管理。

　　1945 年和平後，長洲船民協進會鳴謝「廣東人民抗日遊擊隊東江縱隊港九獨立大隊」，於日軍投降撤退後進駐長洲維持治安。該大隊將日軍設立的「日本水產株式會社」的物資及樓宇，交還予協進會管理，並用物資救濟漁民和創辦漁民義學。

第六章
人口政策與遣返措施

人口與戶籍登記

淪陷初期，日軍當局規定居民須於 1942 年 6 月底前辦理「居住屆」(申請居住手續)。居民申請時須填寫戶主或業主本人及家屬資料，連同家居租約及圖則交往憲兵隊，再由憲兵隊轉呈總督部。獲准後，才有合法居住資格。水上艇戶則要向水上憲兵隊申請。

遷居前後，居民須填報「轉移(借問)屆」(遷居申請)，獲憲兵隊批准後，才可到區役所辦理「配米證」過戶手續。至於來港居留人士，如日本人及台灣和日本會社的職員等，須憑「呼寄許可願」(申請外地人來港居留)，在港「登錄戶籍」，無「配米證」人士留港屬違法。

「居住屆」制度，表面上是安排物資配給和教育安排，實際上是將「居住屆」副本交予地區事務所辦理「戶口專籍」，以調查和核對戶口。逾期不報者將無資格留港。

1942 年 7 月 10 日至 12 日一連 3 天，日軍當局在檢查家屋時，同時調查戶口。18 日至 28 日，港島 12 區區役所同時複查戶口。為了獲得精確的戶口統計，複查方法異常嚴密，或挨戶細問，或駐米店查詢，是次調查結果被編成「戶口簿」。

9 月 4 日至 13 日，當局再調查全港戶口。有臂章的調查員可入屋查詢，如拒絕或虛報，將受懲罰。這次調查要求各住戶先填寫表格，列明「世帶主」(戶主或商店東主) 所填報的同居家人及店員姓名、籍貫、出生年月及住址的詳情。

9 月 18 日，規定每戶要在戶外懸「標札」(又稱「門札」)，列示「世帶主」姓名、地區、街號及階別 (樓層)。

元港區 (香港仔) 艇戶，須往水上憲派遣兵隊本部 (消防局大廈) 申領牌照。

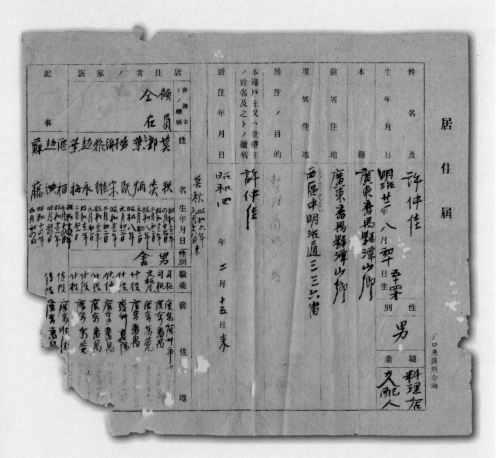

◀ 1942 年，市民須填報的「居住屆」(居住申請)。此為一家位於皇后大道中 336 號食肆之經理人，所填報連同僱員的「居住屆」。

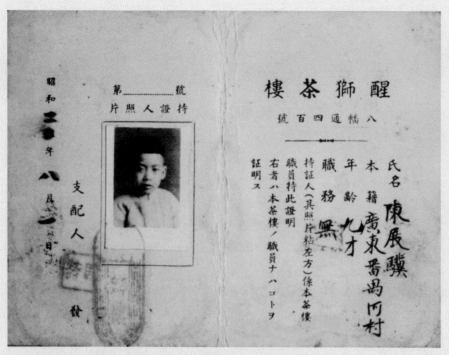

▲ 1945 年，由位於莊士敦道 400 號的醒獅茶樓發出的職員
家屬證。

▲ 海軍工作部（海軍船塢）發出的工作證。（圖片由梁紹桔
先生提供）

1943 年 5 月 8 日至 13 日，民治部長市來吉至宣佈，進行複查戶口。是次調查在日間舉行，由密偵查問，憲查陪同。調查期間，各戶所有人要齊集，並填寫「戶口調查票」，失實者將予軍罰。

　　是次複查戶口，有 3 萬人失去戶籍，其原因包括出生未報者、或由香港遷至九龍而未辦呈報轉居手續者，亦有「世帶主」錯報家屬或店員姓名等。失去戶籍的人士被限令於 9 月 1 日前歸鄉，逾期者將被囚於北角的豐國收容所，然後被押上船艇強制遣返，但無任何目的地，即是任其飄流，死活不理。

　　一個月後，各區依照剛調查的新戶籍派發米票。

　　1944 年 3 月 12 日上午，當局進行了一次最嚴厲的戶口調查。男女老幼均須整齊地站在屋前的街道上候查。一幢 4 層高的樓宇約有三、四十戶，共約有 200 人，十分擠迫。若有人走出馬路，即被日軍開槍擊斃。若家庭成員不齊，整家會被拉往刑訊。在這次調查中，被拘捕或被殺害市民數以千計。

　　至於水上戶口調查，則命令大小船艇在銅鑼灣及油蔴地避風塘集合，由台灣運輸組合（公會）指定各船艇的灣泊，依照指定次序排列接受調查。

　　由於這天的調查，水陸交通完全停頓，各茶樓、押店及商店停止營業；競馬亦改為下午 3 時開賽。教堂主日崇拜改於下午舉行。是次調查結果，全港戶口減少 10 萬人，當中包括調查時不在而立即失去戶籍者，以及被迫歸鄉的市民。

　　同年 4 月 15 日，鄉保班長又再按戶查詢人數及「世帶主」的姓名，作更詳細的紀錄。

　　一年後的 1945 年 3 月 24 日，當局公佈全港居民須於 4 月 9 日至 19 日期間，申領由警察總長發給的「住民證」，

10歲以下小童免領。日本人則領取由「大和會長」發給的「大和會證」。「第三國人」則領取由總督部發給的「通行許可證」。

繳區費的紀錄,亦會登記在「住民證」上。居民須往區役所申領「住民證」,由鄉保班長按戶派發證件。之後,居民須攜證再回區役所付費及採指紋,照片於領證後補貼。若「世帶主」死亡,其家屬須換領新「住民證」。居民若遷移,要將「住民證」交還予區役所,然後到新居住區的區役所申領新證。為了杜絕居民「偽失」住民證,除了因「被盜或遭難」而遺失外,當局不予補發。

居民須隨身攜帶「住民證」,警察若發現無證者,「決施軍罰」。

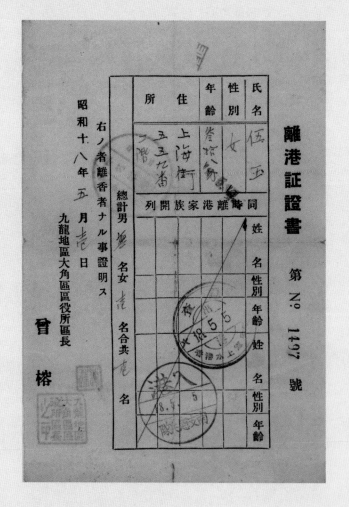

◀ 1943 年,由大角區(大角咀及旺角)區役所區長曾榕所發出的離港證。

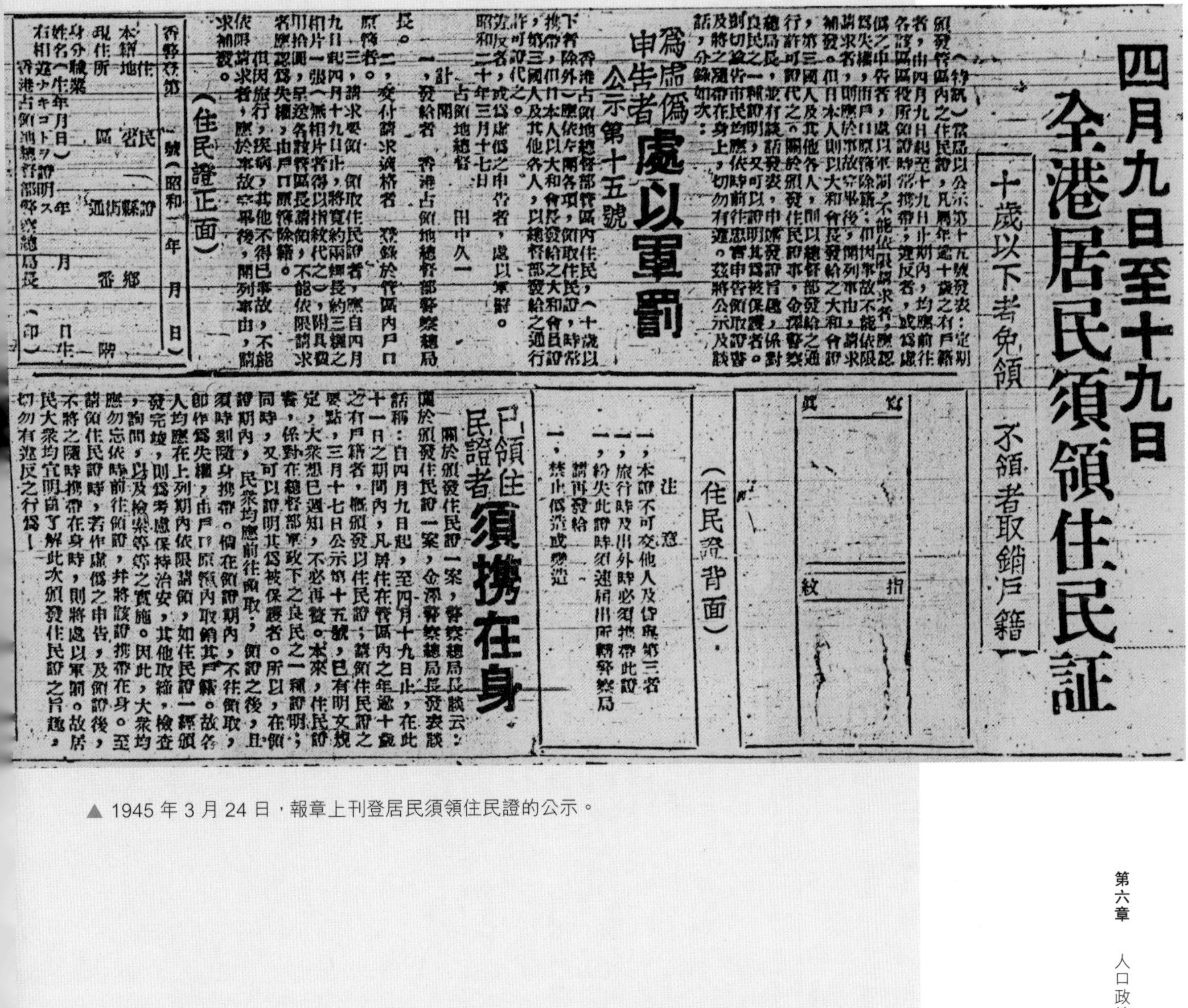

四月九日至十九日
全港居民須領住民証

十歲以下者免領　不領者取銷戶籍

（住民證正面）

（住民證背面）

注意
一、本證不可交他人及借與第三者。
一、旅行時及出外時必須攜帶此證。
一、紛失此證時須即速屆川所轄警察局。
一、謹再發給。
一、禁止偽造或變造。

為虛偽申告者 處以軍罰

公示第十五號

香港占領地總督部警察總局

已領住民證者 須攜在身

關於須發住民證一案，金澤警察總局長談稱：

▲ 1945 年 3 月 24 日，報章上刊登居民須領住民證的公示。

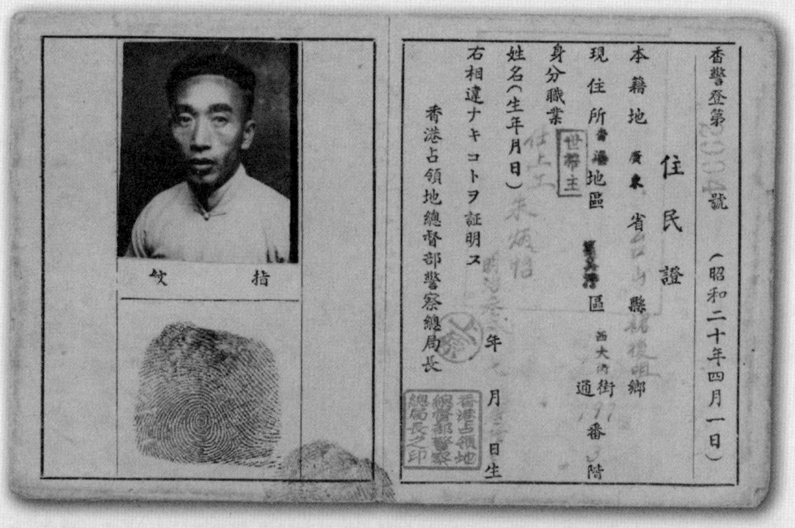

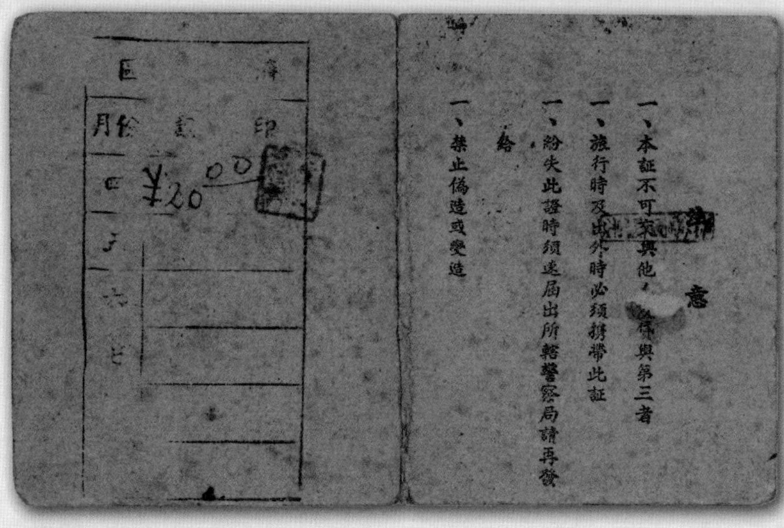

◀ 1945 年 4 月 1 日發出的成人住民證，背面有繳交區費紀錄。

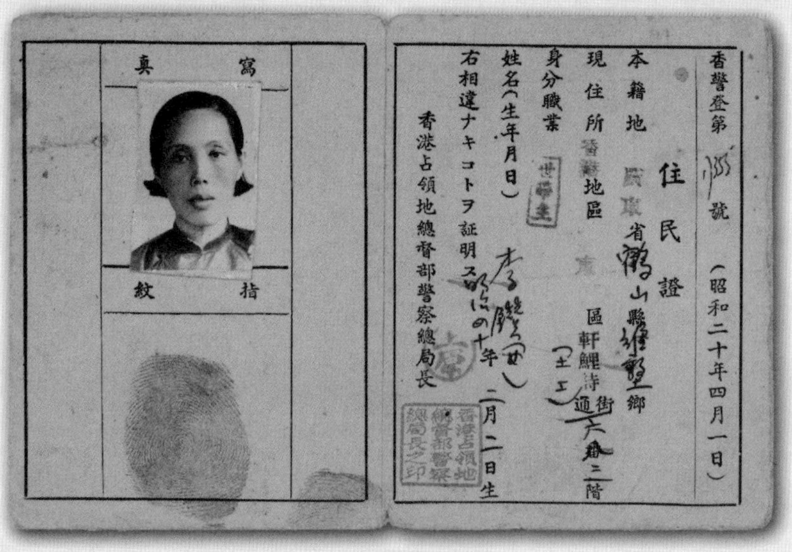

◀ 女性為戶主（世帶主）的住民證，1945 年。

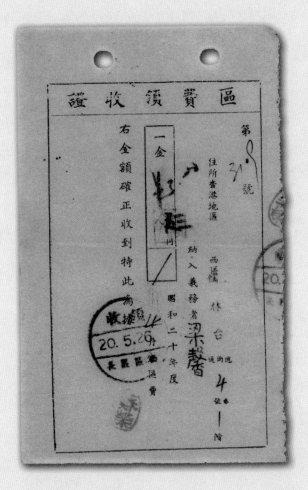

◀ 繳交區費的收據，
1945 年 5 月。

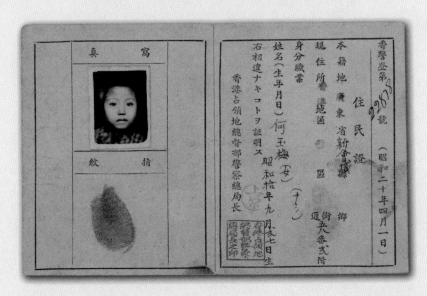

◀ 兒童住民證，1945 年。

人口遣返政策

淪陷初期，香港有人口 160 萬，由於物資短缺，日軍當局使用各種苛刻手段減少人口，最顯著的是遣返居民回鄉。

市民被遣返的理由包括失業、無配米證或身份證明、居無定所、學生無配校章，甚至於當局「拉難民」時在街上被拘。亦有市民在辦理居所申請，以及在多次戶口調查中，因各種原因失去留港資格。最無理及霸道的是市民擁有的物業或居所，被拒絕登記而遭沒收，以致他們無家可歸而被遣返。亦有市民因別些原因被遣返，而所擁有的物業被當局沒收。

1942 年 7 月，不少人已自動離港，或被迫遣返內地，但人口仍有 120 萬。到了 1943 年 1 月，仍有 90 多萬。1944 年 4 月，再減至約 75 萬。總督磯谷廉介表示，要把人口再減至 55 萬。

1943 年，當局成立歸鄉指導事務所，並在藏前區（石塘咀）的陶園、廣州及金陵 3 家酒家舊址，設立歸鄉宿泊所，安置貧窮但有戶籍的歸鄉者。廣州及金陵酒家的宿泊所不久結束，後來增加原太平戲院，及北角戰俘宿舍改成的豐國收容所。到了 1944 年 8 月後，陶園及太平 2 個宿泊所亦結束，只餘下豐國收容所。

歸鄉指導事務所本部設於中環渣甸行，九龍分部則設於西洋菜街 26 號。不少市民在歸鄉宿泊所內死亡，親屬在山道天后廟弔祭。

當時，有多個社團及同鄉會協助港人歸鄉，包括福建商會、蘇浙同鄉會、南海及番禺同鄉會、新會商會、潮州八邑商會及順德商會等。這些團體代歸鄉市民支付 1 円軍票的「渡航許可願」（不許再回港的離境證）之費用。又為無交通費的歸鄉市民舉辦陸路步行歸鄉團，資助每人國幣 10 元至 100 元，或白米半斤至 1 斤。

　　歸鄉市民由深水埗步行至深圳，再至廣州。亦有花數月步行至福建、上海及華北等地的長途客。曾有十多人花了 12 天由九龍步行至廣東順德，路途中一半人餓死。到了後期，部分歸鄉市民更被日軍押上木船，拖往公海任其飄流。因當局規定「維持留港居民日用，不能任令物資流出」，故歸鄉市民不准帶走新衣物及過多用品。軍警亦藉此恣意沒收歸鄉市民的隨身財物，在路途上凍死或餓死的市民，不可勝數。

　　到了 1945 年 8 月，香港人口已減至 50 多萬，但總督田中久一表示，為維持戰時治安，加上物資不足，要繼續實施「強化歸鄉」政策。加緊拘留在街上無家可歸的市民、乞丐和罪犯，至相當數量即整批遣返。「無目的地」之市民，則被押上木船，駛往公海「斬纜」，任其自生自滅。不少這類船隻被洗劫，或被日軍擊沉。

　　1944 年 7 月 18 日，歸鄉指導事務所所長表示，招募男性市民往海南島工作，每日供應三餐，日薪 4 円半軍票，在港家人每日可配米六両四。可是，有不少應募的男青年往海南島後音訊全無，在港家人亦從未獲配發米糧。

　　1945 年 9 月 16 日，曾被移禁於海南島的澳洲軍司令司各脫中校憶述，得知有約 50,000 名香港華工被運往海南島，當中有約 45,000 人因工作過勞或被日人虐待致死。又有 120 名華工在俘虜營外被日軍刺死，屍體被埋葬於 2 日前預先掘成的巨穴內。

◀ 在港島西區準備登
船離港的市民，皆
赤腳上船。

No. 10/12		Hongkong,		1943.

Mr. *F. A. da Silva Brown*

R/C 815.

Dr. To
THE PORTUGUESE RESIDENTS' ASSOCIATION

Particulars	Quant.	Rate	Amount
To Flour rations.............5 persons	31 catts.	.90s	¥ 27.90
To Baking Cost.........................			
			5.00
E. & O. E.			¥ 32.90
For **THE PORTUGUESE RESIDENTS' ASSOCIATION**			
Zonal Accountant.			

22 DEC 1943

▲ 葡國僑民會發出予在港僑民有關麵粉配給的單
據，1943 年。

▲ 日據期間的海南島海口市。

▲ 日據時期的新界農村。（摘自《寫真週報》第
二百五十號，1942 年 12 月）

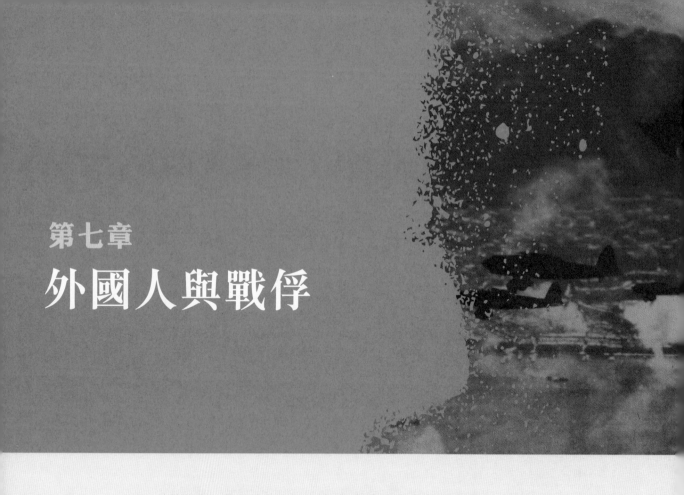

第七章
外國人與戰俘

　　淪陷期間，滯留於香港的外國人，面對各種不同的遭遇。當中，以法國人所獲的待遇最好，所有權益不受限制。而被稱為「第三國」（中立國）人士，包括葡萄牙人及西班牙人等，則須不時往日軍參謀部的外事班換領通行證。至於包括英美在內的「敵性國」國民，多被囚於赤柱外人收容所。

　　港督楊慕琦於 1942 年被囚於台灣集中營，最後被囚於東北的瀋陽。同囚者還有新加坡及蘇門答臘總督。

　　以輔政司詹遜為首的英國文武官員，則被囚於赤柱的「軍抑留所」。於戰前設立的北角難民營，被用作囚禁海軍的戰俘集中營。該集中營後來改作拘留被強迫遣返之街頭流浪者及乞丐的豐國收容所。

　　戰俘則被囚於深水埗荔枝角道原英軍軍營的香港俘虜收容所。另有一個位於亞皆老街及馬頭涌的俘虜收容所專門囚禁印籍人士。敵國人士的家屬則被收容於司徒拔道 43 號的羅沙里山（玫瑰崗）紅十字院，所在原為聖亞路拔嬰堂。

在九龍太子道被解除武裝的英軍，1941年12月27日。（圖片由每日新聞社（日本）提供）

由新界被日軍押解前往九龍市區的英軍俘虜，1941年12月。（圖片由每日新聞社（日本）提供）

被日軍搜身的英軍戰俘，1942年初。（圖片由每日新聞社（日本）提供）

▲ 位於荔枝角道與東京街交界的深水埗軍營，約 1935
年。軍營在淪陷期間被改作俘虜收容所。

◀ 被俘的英陸軍中尉約翰會見記者。（摘自《大東亞戰
爭畫報》第六年第一號，1942 年 1 月 8 日）

被囚的戰俘及外籍人士常遭酷刑對待，有病亦不獲醫療。他們被迫做苦工，包括擴建啟德機場，不少人被虐至死。

1942 年，赤柱「軍抑留所」及拘留營爆發白喉症，日軍拒絕為俘虜治療。

同年，同被囚於赤柱拘留營的滙豐銀行總司理祁禮賓，連同多名外籍銀行高級職員，被改囚於上環干諾道中 121 號的下等客棧新華旅店，每日需步行往滙豐銀行進行「清算」，以及簽署一批該行印備但未發行流通的港鈔。祁氏於 1943 年 8 月 21 日死於赤柱拘留營。

6 月 29 日，日軍當局曾與若干國家磋商交換國民，第一批 300 多名外國人離港，以美國人佔大多數。

9 月 1 日起，赤柱拘留營的戰俘獲准與外方通訊，但須符合以下條件：
(一) 禁止談及軍事、政治與財政；
(二) 只限使用當局指定的明信片；
(三) 須詳細說明發信及收信人的姓名、住址及國籍；
(四) 每封信只限 50 個英文字，要用大楷書寫；
(五) 只限於香港、日本、中國 (重慶除外)、滿洲國、泰國、安南、土耳其、保加利亞、西班牙及葡萄牙，以及兩國的非洲屬地。

外人欲與赤柱拘留營的戰俘通訊，亦須依照上述 5 項條件，交給總督部外事班轉交。

1943 年 6 月，當局准許親友寄送衣服及食物等包裹給赤柱拘留營中的戰俘，由總督部外事班逢星期二收取後轉交，但此「優待」時斷時續。

9 月 23 日，第二批「斷交國」國民離港，當中包括美國、加拿大及拉丁美洲人。

　　10 月 1 日，留港日本人成立大和會，在東昭和通松原（告羅士打）酒店 7 樓喫茶部舉行成立典禮，出席人士包括：總督磯谷廉介、參謀長菅波一郎、憲兵隊長野間賢之助、南支艦隊司令部參謀長小畑、香港地區所長山下、九龍地區所長上野專吉、元港務局長池田。大和會會址位於花園道。

　　10 月 29 日，日軍在赤柱集中營對俘虜進行大屠殺。

　　1944 年 8 月，寄送赤柱拘留營的包裹，改由設於太子行、原台灣銀行所在的香港軍抑留所連絡事務所辦理，寄送包裹往深水埗拘留營亦在此辦理。

　　同時，總督部開辦由香港對外的紅十字通信，但只限獲釋者的敵國及第三國。信件須用日本紅十字會印製的信紙，內容

◀ 在拘留營內作磨工的戰俘，約 1943 年。

82

◀ 1943 年，一封由
英國倫敦，經東京
紅十字會寄往深水
埗俘虜收容所的信
件，要 18 個月才
送達收件者手中。

◀ 由英國於 1944 年
寄往赤柱「香港軍
抑留所」的信件，
需超過 10 個月才
抵達。

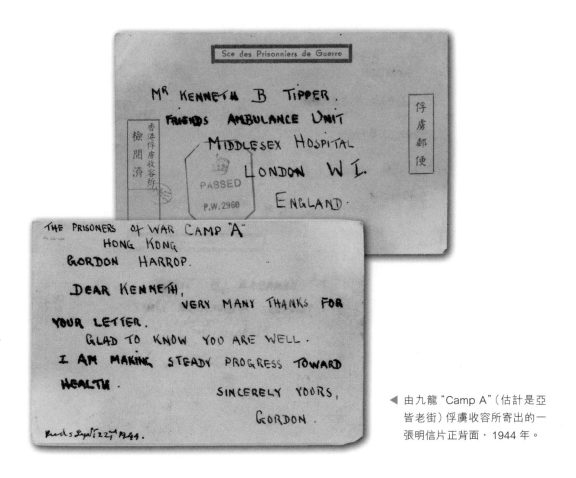

◀ 由九龍 "Camp A"（估計是亞
　皆老街）俘虜收容所寄出的一
　張明信片正背面，1944 年。

◀ 一封於 1943 年 10 月 22 日由
　澳門寄往赤柱俘虜營的信件，
　其上蓋有「總督部」的檢查章。

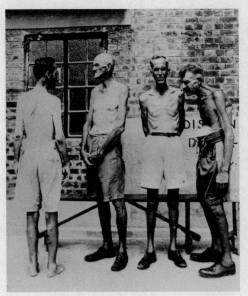

▲ 4 名於和平後被釋放的戰俘，可用「骨瘦如柴」　▲ 獲釋戰俘合照，1945 年。
　來形容。

僅限於問候，用日文或英文書寫，日文以 50 字為限。每人只許
2 個月通信一次，每件收費 1 円半。

　　1945 年 8 月 17 日，日軍宣佈投降之後，牛奶公司復業，
並與連卡佛公司合作開設一間大利連（Dairy Lane）超級市場，
製造麵包以供應予戰俘為主的人士。大利連於 1990 年代初被惠
康合併。

　　8 月 21 日，親友獲准探望各拘留營內的外國人，聯絡事宜
由紅十字會國際委員會辦理。大部分被拘留者均骨瘦如柴。同
時，戰俘等亦獲准外出探友及購物。

　　8 月 26 日，有 2 輛由外國戰俘駕駛的巴士，滿載拘留所內
的人士進入市區，黃昏時才返回赤柱。他們亦獲紅十字會贈送
罐頭、牛油及白糖等。

　　9 月 27 日，夏慤總督（Admiral Sir Cecil Halliday Jepson
Harcourt）促外國戰俘返國。

　　10 月 3 日，最後一艘遣送船離港。此後，香港成為「在華
的英戰俘」的遣返基地。

第八章
法律

日據時期，英國法律宣告無效，所有律師樓均停業，惟律師樓的華人員工，被日軍當局徵用辦理「業權登記」等手續。初期亦有不少來自廣州的律師，辦理店舖頂讓、債權債務、家屋租務、代理家屋買賣及轉移、翻譯日華文件及呈狀等法律事項。

當時沒有婚姻登記處，華人的舊式婚禮及登報聲明，均獲法律承認。離婚則須律師作證或登報聲明。買賣屋宇須經律師事務所辦理，並登報聲明。

1942 年 12 月 1 日，當局施行契約和收據等印花稅令，為日軍當局最早的徵稅律令。當時的文件和契約，若貼有日本印花稅票者，和平後仍獲香港政府承認。

1943 年 4 月 10 日，當局准許包括羅文惠、譚雅士、羅文錦、簡悅強、胡百全、羅顯勝及冼秉熹等共 14 位華籍律師執業。

律師會於同年 4 月 13 日在香港大酒店舉行成立典禮，會長為羅顯勝，副會長為冼秉熹及胡百全。5 月，日司政官召集各律師，闡述民事訴訟法例。

▲ 約 1940 年的高等法院。淪陷期間曾被用作「憲兵隊本部」及
「軍律會議」(法庭)。直至 1950 年代中,其前方的兩排木屋
曾被用作政府辦公室及宿舍。

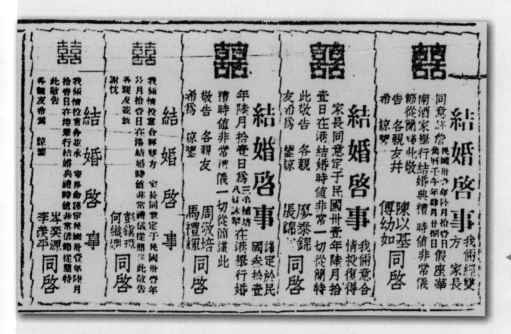

▲「時值非常，一切從簡」的結婚啟事，1942年6月11日。

　　日據時期的案件，大部分由「香港占領地總督部軍律會議」判決。「軍律會議」即軍事法庭，裁判長、裁判官和檢察官全為少佐、中尉或大佐軍階的日本軍人。

　　1943年9月，當局成立法務部及司法部，專門管理民間訴訟事件，並設民事法庭。民事法庭判決一宗遺產糾紛案件時，曾標榜「尊重英治時期之法令習慣」，並宣佈「香港法令是依據占領地法令及習慣辦理」。

　　10月15日，掌管刑事及民事案件的法院檢察廳設立。

　　一般刑事案包括造謠、盜竊、勒索、遺棄屍體、瞞稅及盜墓，亦有「將屍體拉回家中煮食」等案件。刑罰包括遊街示眾、監禁、體罰、遞解出境、罰款。至於打劫銀行、械劫、劫船和殺人等罪犯，均判處死刑，初為斬首，後改為槍斃。偷竊電線亦會被判死刑。至於一些「走單幫」偷運衣物、布匹往來粵港兩地的「私梟」（走私客），除充公貨物外，並將其右眉剃去。

◀《香島日報》1943
年 6 月刊登「司政
官」有關「依中國
習例結婚,可獲得
法律保障」的宣示。

1944 年 8 月 1 日,根據《香港總督部非訟事件手續規則》,
除裁判民刑訴訟外,法院辦理非訟事件的執行手續,須依照民
事審判規則處理。所謂「非訟事件」,是包括法人財產管理、親
屬會議之召集及「禁治產」(即凍結財產)等。

1945 年 3 月,葉大楨醫生住宅以及三角碼頭附近發生的
兩宗大型劫案,轟動一時。審訊前,兩賊黨共 15 人被押遊街示
眾,由荷李活道警察局(中央警署)出發,經威靈頓街、中明治
通(皇后大道中)、西明治通(皇后大道西)、西昭和通(德輔道
西)及東昭和通(德輔道中)、東明治通(皇后大道東,現金鐘
道)、八幡通(莊士敦道)、銅鑼灣,回程繞競馬場一周,再經八
幡通、東明治通、中明治通、雪廠街、雲咸街後,返回警察局。

同時,輪保班長戴炳因輪購公油時不守秩序遭憲查毆打,
戴氏率羣眾向憲查報復,經「軍律會議」審訊,判入獄一年。

1945 年 5 月 16 日,當局施行「治安維持令」,並設「特別
治安法庭」,所判處之刑罰皆為死刑、無期徒刑及酷刑。

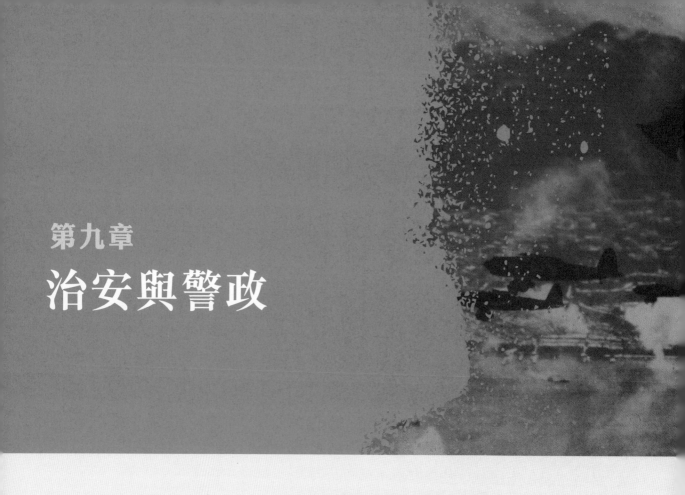

第九章
治安與警政

　　1942 年 4 月 30 日，日軍當局解散由黑幫份子組成、位於各區的「自警團」。

　　日據時期的警務由憲兵隊管轄。憲兵隊本部設於前高等法院（現終審法院），而本部宿舍則位於中大正通（上亞厘畢道）原聖保羅書院宿舍。各地區的總部有位於包括灣仔警署（東區）、中央警署（西區）、南九龍裁判署（九龍區）者。此外，還有其他分區的憲兵隊，如位於聖保祿天主教小學的「跑馬地憲兵隊」。

　　憲兵隊隊長為野間賢之助，外號「殺人王」。憲兵所內施行的酷刑，有包括將市民灌水至「爆肚」而死，以及「吊飛機」等。憲兵亦會和日軍在位於美利樓（現中銀大廈）上端的「打靶場」斬首。日軍會以被害者的頭顱不離身體的「絕技」作為炫耀。

　　憲兵隊轄下有「密偵」（特務便衣警探）及「憲警」（又名「憲查」），兩者當中有不少為英治時期的華、印籍警察及印籍炮兵。

◀ 在九龍街道上巡邏的日軍，1942年。（摘自《寫真週報》第二百零八號，1942年2月）

【本報特訊】香港占領地總督部電律會議，於本月七日，判決案件多宗，其中協今各被告威迫憲查者，判決一年有期徒刑，又同謀吞沒公物者，判決一年零六個月少有期徒刑，茲錄該案情如下：

威迫憲查

第一宗　被告·判處有期徒刑一年。

▲ 1943年6月《香島日報》有關「香港占領地總督部軍律會議」審判「威迫憲查」案件的新聞。

　　憲查的夏季制服為淺黃色，臂章亦為淺黃色，上有「憲查」二字及所屬地區和號碼。冬季制服則為深藍色加黑帽，臂章白底黑字，並有徽章懸於胸前。野間賢之助表示憲查即警察，由憲兵指導而得名。因密偵和憲查的質素良莠不齊，維持治安作用不大。事實上，無論密偵或憲查，多屬為虎作倀之輩，市民畏之如蛇蠍。

　　5月1日，憲兵部增派日憲兵、華印憲查和密偵，日夜巡邏市區。因「治安上的需要」，港九多處被軍警禁止通行，並設鐵網或木標告諭。誤闖的市民，會被軍警「罰站」以示「薄懲」。

　　6月8日，上海商業儲蓄銀行被劫150萬港元。憲警於48小時內捕獲疑犯，起回失款。7月6日，疑犯被送往總督部軍律會議審訊。6人被判死刑，於9月3日在總督部刑務所伏法。

▲ 1942 年，經過東昭和通（德輔道中）的 2 名日軍及 5 名印籍憲查。位於砵典乍街的日本旗後的爹核行（David House）地舖，於 1946 年為惠康辦館（現為超級市場）。（圖片由每日新聞社（日本）提供）

▲ 1943 年 11 月，有關憲查的新聞（左）及招募憲查的廣告（右）。

7 月 1 日，香港管區法令規定多項手續，包括遷移、「渡航許可願」（申請乘船離境）、「呼寄許可願」（申請來港居住）等，須直接往憲兵隊辦理。為防盜竊，晚上 11 時起實行「夜禁」，有不少因天氣炎熱而在街上納涼的市民被拘捕。

由 7 月 2 日起，深水埗一帶設置「街坊夜更團」，商店各派一人，或住戶三丁中抽一，充作「守望員」，實行每晚打更，並助鄰保班管制燈火。「守望員」於晚上 9 時起打三更，至凌晨 5 時散更。

及至 12 月，九龍各區成立「愛護團」，協助維持治安，正副團長為主任，均佩有臂章，以資識別。

7 月 5 日，有賊人劫脫路邊死屍的衣服，憲警表示要嚴拿繩之於法。

7 月 24 日，羅旭龢呼籲民眾，對站崗日軍應致敬禮，以回報他們保衛民眾安寧。其實，若市民不向日軍鞠躬敬禮，或鞠躬彎度不足，會被掌摑、罰站，甚致刺斃。一名電車售票員經過海軍船塢的站崗時，因沒有除帽敬禮，即被斬首。

8 月，當局招募百多名憲查輔助員，當時有千多人申請。

▲ 1942 年底，在「香九連絡船」（天星小輪）上的日軍、印籍憲查和
華籍密偵（右前方戴白帽及黑鏡者）。（摘自《大東亞戰爭畫報》第
六年三十號，1942 年 12 月 8 日）

▲ 日軍對華籍憲查的訓練，1942 年底。（摘自《大東亞戰爭畫報》
第六年三十號，1942 年 12 月 8 日）

1944 年 7 月，港九各區均有報導日軍犬隻（新聞描述為「野獸」）噬死人事件，市民描述為「放狼狗咬人」。事發地點包括中央戲院前、吉士笠街、利源西街、昭和廣場（皇后像廣場）、花園道口、石塘咀及灣仔春園街等。

7 月 21 日，憲兵隊長野間賢之助訓勉深造班憲查，須服從長官及親民。

1945 年 2 月 27 日，日軍當局宣佈，於 3 月 1 日成立香港占領地總督部警察局、管轄港、九、水上警察三局，以及各區 25 間分局。消防隊亦歸警察局負責。警察由憲查改編，警官則由憲兵擔任。憲兵隊仍然存在，兼顧警政範圍。

◀ 在皇后大道中與花園道口指揮交通的印籍憲查，1942 年底。（摘自《大東亞戰爭畫報》第六年三十號，1942 年 12 月 8 日）

警察總局及中區分局設於荷李活道（中央警署，現中環「大館」）。水上警察局設於消防局大廈，九龍警察局則設於旺角警署。

3 月 1 日，總督部警察局舉行隆重成立典禮。警察總局長由憲兵隊長金澤朝雄擔任。一等及二等警察全由憲查改編，制服照舊，但臂章字樣則改為「香警」、「九警」、「水警」。憲兵隊留置場則改為警察局拘留所。

3 月 12 日，在新警政制度下，復設「保衛團」。各區鄰保班長急薦團員，擔任空襲救護工作。該團於 1943 年中成立，為義務性質。

3月17日，籌組中央、香港及九龍三區的警察委員會，作為「上情下達」的樞紐。委員會長從兩華會成員中選出，分別由周壽臣、陳季博及黃伯芹擔任。

同時，為「保障警員生活」，組成警察後援會（稍後改名為警察委員會後援部），由各界名流擔任委員，並負責籌集費用，但委員表示無意向市民徵費。

4月15日，招募候補警察，及選出優秀分子組成「特攻隊」。

5月2日，港島的中央警察委員會徵求各大商社，包括油蔴地小輪公司、中華廠商聯合會及普益商會等，組織一警察消費合作社。

5月15日，警察消費合作社成立，幹事包括何品楷、冼秉熹、關心焉等。其實，日軍當局在該段時期的財力，已不足以維持一支警隊。

7月6日，當局在各街道要衝設置「聽訴箱」，謂要聽取民意及「警政興革」的意見。

同時，開始在各區設置警察派出所，最先設置於中央市場（中環街市）及中央戲院，惟當時的中央戲院已變身為賭場。

個多月後，日軍宣佈投降。

第十章
房屋政策

1942 年 4 月，日軍政府頒佈《香督令》第 30 號之「家屋所有權登記令」。

5 月 24 日，當局飭令「家屋管理人」（業主）負責修理破毀房屋，但動工前須先備契據，作為家屋管理人的證明文件。業主若想恢復收租，須先取得業權。

6 月 18 日，當局就物業及不動產進行估價，同時進行「家屋登錄」（登記）。登記期限為 8 月底，逾期作棄權論。「家屋登錄所」設於東昭和通（德輔道中）4 號，該處原為渣打銀行。個多月後，遷往昭和通 12 號東亞銀行西鄰的皇室行。

當局可基於多種理由，包括最常見的如宣告物業為「敵產」或欠繳地稅，而拒絕為房屋登記，並沒收物業。當局亦可根據「立退命令」而飭令業主及居住者「即行退出」其物業，所有損失，日軍當局皆不予補償，並要求「退出者」離港歸鄉。

▲ 在東區半山一帶站崗的日本軍人。右下方為修頓球場,可見
該區過千幢華人石屎(三合土)唐樓。(摘自《寫真週報》第
二百零八號,1942 年 2 月)

顯著例子包括居於尖沙咀廣東道 2 至 18 號(現星光行所
在),以及 32 至 48 號(現海港城對開一帶)的唐樓居民,就是
因「立退命令」而喪失家園並要即時遷離。

8 月 31 日,根據《香督令》第 37 號,總督部公佈實施「不
動產賃借規則」,在實施前已出租房屋的居民,需簽訂新租約,
租金由日軍高級佐官決定。而先前頒佈的《香督令》第 27 號之
「家屋讓渡等取締令」,則容許物業轉讓。

9 月 10 日,當局開徵第一期「家屋稅」,稅率為 24% 至
30%。

1943 年 2 月 13 日,報載上環水坑口街旁發興街的樓宇,
每幢值黃金 2 兩 8 錢,中環區則約 4 兩。

此時,有多間總督部許可經營的「信託公司」,經營物業買
賣。

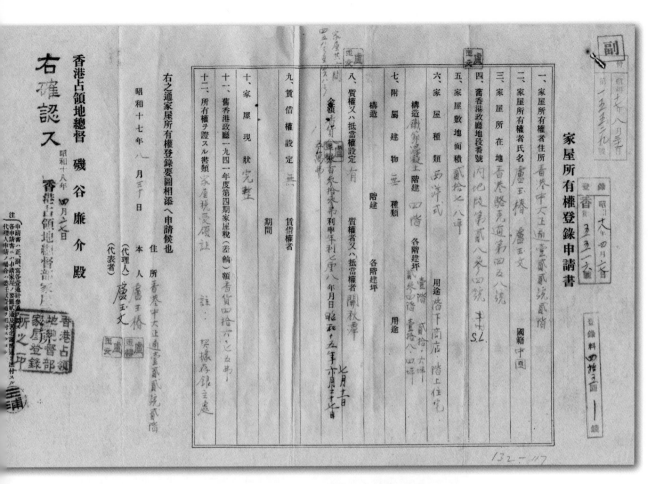

▲ 土地稅繳稅單，1942 年。

▲ 租稅（地租）及家屋稅（物業
稅）繳稅單，1943 年。

▲ 1943 年 8 月獲批
准的「家屋所有權
登錄申請書」。該
家屋所在位於灣仔
駱克道。

第十章　房屋政策

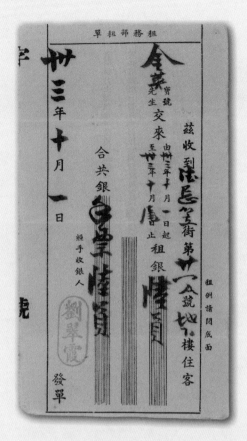
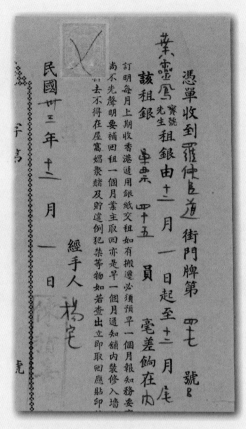

▲ 1944年，一間德忌笠（德己立）街地舖的租單，每月租金為手票（軍用手票，即軍票）6円。

▲ 一張貼有日本鈐印稅票的租單，1944年。樓宇位於羅便臣道，租客是著名文學家葉靈鳳。

5月31日，為遏止投機買賣，讓受屋宇須先獲總督部許可。到了1944年4月26日，讓受屋宇限制取消。

8月1日，當局實施「家屋登錄徵費規則」，徵收率為屋價的0.5% 至 0.7% 不等。

據前輩梁紹桔先生描述，他家族所經營位於「百步梯」腳（歌賦街尾）、皇后大道中的「梁森記珠寶鐘錶行」店舖，於淪陷後期以軍票20多萬的價格（約黃金2両）售出，但所得軍票於和平後即變成廢紙。

▲ 梁紹桔先生家族於淪陷後期，沽售圖中位於皇后大道中「百步梯」（歌賦街）腳（所在現為荷李活華庭）的店舖，所收取的軍票後來全變廢紙。此圖約攝於 1938 年。梁先生仍記得右方的一位「豆腐佬」（豆腐小販）。

日據期間，不少樓宇被不法之徒強行偷拆，或因無人看守而致荒廢，亦有空樓未經業主同意而被人強行霸佔。和平後，不少樓宇仍被霸佔或盤踞以圖利。直到香港政府於 1945 年 10 月 24 日頒佈居租法令，類似現象才得以糾正。

先前，一層唐樓的「頂手（讓租權）費」，由軍票數萬元至後來的港幣一、二千元不等。

第十一章
日化建築

在日據的三年零八個月期間，日軍當局熱衷於興建各種宣揚日軍軍功的建築物，包括為戰死者甚至軍馬築建墓碑。最顯著的是把港督府（現禮賓府）改裝，以及在其對面的香港動植物公園內，興建一座「香港神社」。

真正的道路闢建，只有兩條。一條是為了對抗中國遊擊隊「東江縱隊」的道路。該道路於 1942 年底興建，由牛池灣墳場附近的窩尾後山起，經蠔涌至西貢鄉。當時動用勞工約 1,000 人開闢，於 1945 年初闢成，和平後被發展為清水灣道。另一條道路於 1944 年 8 月闢建，由荃灣至大帽山頂，長 8 英里半，以方便日軍設置示警雷達站。

1942 年 6 月 1 日，在九龍陸軍病院（九龍醫院）興建的安慰英靈紀念碑揭幕。

7 月，當局宣佈由日本建築商「清水組」，負責維修和改裝總督府。

8 月 7 日，當局宣佈將在聶高信山建「紀功碑」，紀念於 1941 年 12 月 18 日晚上在北角登陸的日軍。

9 月，當局決定在總督府所在的東大正通（上亞厘畢道）興建「香港神社」。大正公園（香港動植物公園）被劃為神社的「內苑」，香港全島為神社的「外層」，而「香ケ峰」（太平山）則為神社的「背景」。而位於神社附近的若干座教堂，當局則從「軍事上或都市計劃之見地」，考慮處置辦法。

10 月 8 日，神官政所喜澄率領其他執行官抵港就任。

11 月 19 日，當局在大正公園樹立建築神社的標誌。

11 月 23 日，日本刀匠協會派 6 名刀匠來港鑄造「御神刀」，用來獻祭神社。

12 月 19 日，位於「香ケ峰」（太平山）纜車站旁、由磯谷廉介總督親題匾額的「思雲亭」落成，該亭主人為松本。思雲亭於 1955 年被改建為圓形的觀景亭，市民稱其為「老襯亭」。

▲ 太平山頂，約 1965 年。正中為落成於 1955 年的圓型觀景亭——「老襯亭」。其前身為建於淪陷時期的「思雲亭」。

第十一章

日化建築

▲ 位於上亞厘畢道的港督府，攝於 1930 年代。

▲ 從兵頭（意指港督）花園望向淪陷時期被改建的港督府，約 1948 年。

香港・天正公園

古々椰子の花房にのり噴れる

被改名為「大正公園」的兵頭花園，1942年。日軍一年後在此興建「香港神社」。

1943年1月8日，位於梅道的神刀鍛鍊所舉行鑄造神刀典禮。

1月9日，本願寺南支開教總督，在拆平宋王台公祭會上表示，當局「為保存固有文化，發揚忠烈之風，對帝昺決建寺供奉，並及文天祥、陸秀夫等志士，他日落成，定為地方生色不少也。」

2月3日，當局在沙田豎立墓碑，紀念1941年12月11日在沙田指揮前線時戰死的若杉隊長。又為一匹名為「電信」的軍馬設墓碑。市民經過北角日軍上陸處（登陸處，現電照街及民康街交界）時必須下跪。

5月13日，因興建神社，市民禁止進入大正公園。這一帶時有爆炸聲，當局呼籲市民切勿「自相驚擾」。興建神社用的石材，在司徒拔道基督教墳場和養和醫院上方一帶的地段爆取。

7月23日，總督府舉行「上棟式」典禮。4個月後，改裝及加建塔樓工程完竣。

12月8日，為「大東亞戰爭二週年大詔奉戴日」。下午7時，舉行忠靈塔「御鎮物」（御大刀）的「埋納典禮」。日軍當局興建忠靈塔的地基，位於金馬倫山西面，「青葉峽（跑馬地）五義路」附近的高地。塔身高48.5米，用本地花崗石建成。市民及出入本港的輪船，可從遠處望見這座華南地區最大的塔。日軍當局又打算在塔附近興建一座「供奉塔」，以供奉陣亡敵軍的靈魂。

同時，當局又鼓勵日華人士，利用假日參與建造忠靈塔。各區區役所及事務所職員，被飭令前往「勤勞奉仕」（義務勞動）。

1944年7月8日，忠靈塔工程即將完竣，當時已完成台基約100平方尺，完成後塔身為80尺，地基面積280平方尺。總督磯谷廉介親題「忠靈塔」三字，完成後每字放大至15尺。

7月20日，區政實施兩週年，各區區長巡拜銅鑼灣、青葉峽（跑馬地）、筲箕灣、赤柱及元香港（香港仔）等區內的戰事遺蹟，和日軍將士的墓地。

◀ 日軍在香港興建的
忠靈塔設計圖，約
1942年。

106

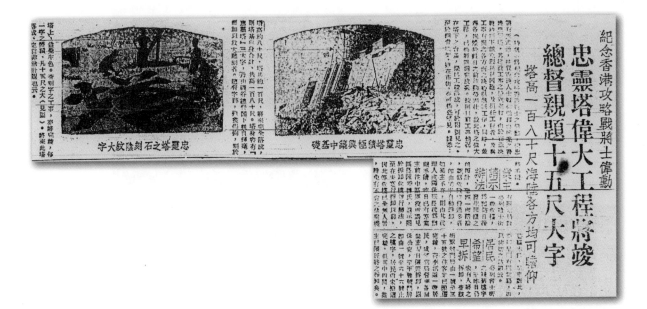

▲ 有關建築忠靈塔的新聞。

◀ 位於港島金馬倫山、尚未建成的忠靈塔，約 1945 年。忠靈塔後於 1947 年 2 月被炸平。

第十一章　日化建築

▲ 於淪陷時期被安置於美利軍
營（現香港公園）一帶的「南
海神社」石碑。

◄ 海軍中將原清題字的「南海神
社」石碑。

1945 年 1 月，香港神社的臨時神殿舉行地鎮祭。1 月 14 日，香港日本人義務參與大正公園興建神社的工作。

2 月 8 日，香港神社已竣工落成，祭神為「天照大臣」，例祭日為 10 月 17 日，並定於 2 月 17 日舉行「創立鎮座祭」。

2 月 20 日，總督部施政三週年紀念日，總督在香港神社主持儀式。

8 月 13 日，規定大和會的正副會長及會員，每月的 1、8 及 15 日往香港神社拜祭。同時，准許市民平日自行到神社參拜。2 天後，日本宣告投降。

9 月 24 日，夏愨總督謂：「金馬倫山上忠靈塔之處置，須經專人之諮詢，若不能拆毀，則予以炸平。但本人曾向該處瞭望，風景甚佳，若能加以改變，或可成為名勝。余對忠靈塔全無意見，但決不能維持其現況。」

至 1947 年 2 月 26 日下午 4 時 29 分，未完成的忠靈塔被徹底炸平。

第十二章
擴建機場

　　1942 年 6 月 7 日，日軍當局決定擴建啟德機場，計劃「將九龍灣的優良海港，改為優良的航空港」。又宣稱：「去年（1941年）聖戰爆發，攻略香港英勇航空兵的第一顆炸彈，便是拋在這機場上，就是這一擊，將英夷的侵略航空軍事據點，回到東亞人的手中。」

　　6 月 9 日，當局迫令啟德機場附近一帶的工場、民居他遷，並組成啟德飛行場擴張工事居民協助遷移委員會，正副會長為倪少雄及「糖薑大王」余達之。

　　6 月 20 日，以「協助」當局建設航空站為理由，日軍限令九龍城多條農村的 20,000 名村民，於 7 月 31 日前遷走，並須即日遞交「地區移往申請書」。受影響的 20 多條農村包括：衙前圍村、蒲崗村、上沙埔村、下沙埔村、新隔坑村、舊隔坑村、石鼓壟村、沙地圍村、朱史寮（舊名「豬屎寮」）村、瓦窯頭村、鹹頭涌村、東頭村、竹園村、上元嶺村及下元嶺村。

不少潮汕籍人士經營的抽紗公司、醬料涼果行及廠商，連同夥伴工人，因失去家園和工場，被迫返鄉。亦有十多間醬料廠如義珍、廣珍、梁生記，以及涼果廠如成利、杏春園、桂芳園、三興祥等，集體遷往宋王台側及嘉林邊道尾，重建復業。

6 月 30 日，當局將九龍城清拆的街道劃分為四區：

第一區	譚公道、馬頭涌道、宋街、帝街、昺街、九龍城道、玟杯石道、界限街
第二區	城南道、寶崗道、打鼓嶺道、沙埔道、石鼓壟道、隔坑村道、竹園道、鹿島道（太子道）、衙前圍道、西貢道、南巷、橫街
第三區	西貢道、一德路、二德路、三德路、啟仁路、啟義路、啟德濱
第四區	小屋村、朱史寮村、咸頭涌村、上元嶺村、下元嶺、沙地圍村

7 月 1 日，第一區的商戶開始遷移，大部分遷往深水埗、長沙灣一帶，但實際上居無定所。遷居港島或寄居親友家中的市民，須向地區事務所申報，以及申請將米糧等配給過戶。

居民陸路步行返鄉，獲歸鄉指導事務所派每人白米一斤，以及免費檢驗糞便和種痘。

9 月 10 日，舉行「啟德機場擴張動工禮」。參謀長有末次擔任建設委員會會長。

9 月 15 日，機場擴建工程正式動工，有約 10,000 人應募擴建。蒲崗村道附近的道路禁止通行，村民須經侯王廟後的小路來往。

10 月 15 日，啟德區的管轄範圍包括：牛池灣、牛頭角村、坳頭角、竹園村、瓦窰頭、坪石、將軍澳、糧船灣、蠻寮村、

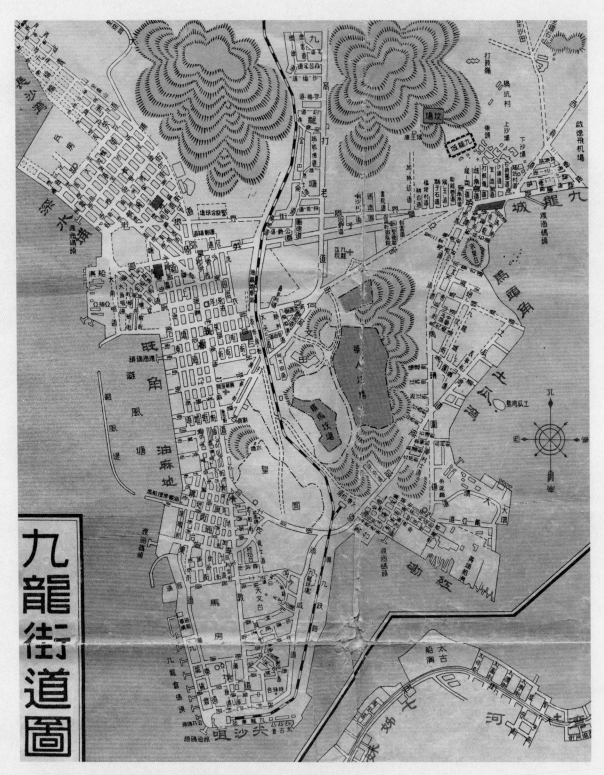

▲ 1940 年代的九龍地圖。右方的馬頭角及九龍城一帶,可見宋王台以及
啟德濱的範圍,包括玠杯石道、宋街、帝街、昺街、長安街、西貢道及
三德路等多條街道,以及九龍寨城和東頭、上沙埔、下沙浦、隔坑、打
鼓嶺等多個鄉村。以上全因日軍擴建機場而消失。

白石窩、茂草岩、檳榔田村、魷魚灣、鯉魚門村、茶果嶺村、咸田村及深灣仔村。

11 月 15 日，「飛行場」內外戒備禁嚴。日落後，來往華人須攜帶燈火，否則可能被槍殺。

11 月 18 日，不少商舖已遷往衙前圍道。當中包括西鄉園酒家、吳連記酒家，和位於侯王廟山腳的寶漢酒家，還有原位於沙浦道的九龍城街市。侯王廟內的「鵝字石」當時已遭爆碎移作別用。侯王廟旁的白鶴山，以及九龍寨城亦遭日軍當局夷平。

1943 年 1 月 9 日，舉行宋王台拆遷祭典。九龍城人士舉行公祭會，當中包括九龍樂善堂主席李崇聖等紳商名流。祭典後，於下午 6 時在元區（九龍城區）區役所聚宴。祭詞中有：「擴展機場，負山填海，嗟爾名山（指宋王台所在的聖山），難留永在」等句。據老居民朱石年先生述及，一位出席上述祭典的名流，後來被日軍當局迫害致餓死。

2 月，當局開始夷平聖山及宋王台，並清拆有 60 多年歷史的譚公廟。廟內的譚公像被遷往北帝廟（上帝古廟）。

3 月 25 日，中華航空公司在香港設立分社，每日均有客機赴廣州。香港乘客須獲「總督部參謀部乘搭系」許可，才可乘搭。

6 月，當局將新界錦田（石崗）機場改為農場，以種植蔬菜。

宋王台

拆遷祭典昨日舉行

祭詞……

擴展機場　臾山塡海
嵯峨名山　難留永在

宋王台面目

▲ 宋王台拆遷祭典的報導，1943 年 1 月 9 日。

114

▲ 九龍寨城（現寨城公園所在）及啟德濱一帶長安街
　等街道上的屋宇，約 1930 年。

▲ 馬頭涌聖山上的宋王台石（左上）、牌坊及禁採石碑（右下），約 1925 年。

▼ 九龍城蒲崗村的曾富花園和別墅（正中）。其左方的廟宇式建築為供奉真武大帝銅像的五龍院，約 1930 年。前方現時為彩虹道及爵祿街一帶。

模範村

　　為「安頓」因擴建機場而失去家園的九龍城區居民，日軍當局早於 1942 年 6 月 30 日，已宣佈在九龍塘窩打老道東、林肯道附近的大平原，興建「模範新村」，以安置約 150 戶村民；又計劃在羅湖前英軍營，興建另一模範村。

　　1942 年 8 月 2 日，模範農村指導委員會負責指揮農民遷移，以及管理未來的新村。辦事處初設於九龍城樂善堂，但隨即遷往西貢道 86 號。

　　九龍塘及羅湖（後來改為上水）的模範村，計劃可容納 320 戶，村民千餘人，但遠遠不夠安置因擴建機場而失去家園的 70,000 多名居民。

　　1943 年 1 月 21 日，日本官員連同即將解散的啟德飛行場擴張工事居民協助遷移委員會的委員，巡視九龍塘的新村建設，順道視察宋王台古蹟。

　　3 月 1 日，分日護送上水新村農民入村。該模範村原為英國人的高爾夫球場，現建成 4 座平房，可居數百人，平房外為田園。

　　8 月 26 日，九龍塘模範村舉行開村禮，由九龍地區事務所所長上野專吉主持，並有日本法師主祭，村內有 120 戶共 700 餘居民，以種菜為業。農村組合（公會）長為吳渭池。

（香港憲兵檢閱濟） 九龍農村風景

▲ 約 1942 年，日本人印製的九龍城
農村明信片。

▼ 1941 年 12 月 8 日，被日軍戰機轟
炸後的啟德機場。

▲ 馬頭涌道前一帶未全被夷平的聖山殘蹟，約
1947 年。正中白色的是位於宋皇臺道及木廠街
交界的屈臣氏汽水廠，其右方是天廚味精廠。
該處的殘石全被夷平後，闢為機場一部分以及
宋皇臺公園。

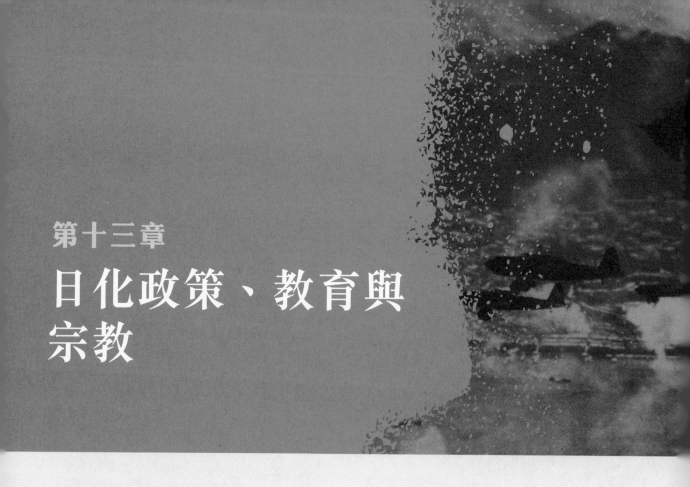

第十三章
日化政策、教育與宗教

日化街名及地名

1942 年，當局實施日化街道、廣場及地區名稱的政策，先由港九 20 多條街道着手。由於港九百分之七十的街道名稱皆以「英夷」的姓氏命名，若同時更易會造成混亂。

當局計劃日後的更改，會從中央區（中環）開始，如威靈頓街、砵典乍街及鴨巴甸街等；其次為冠以「英夷」名稱的中區大廈，如聖佐治行及亞力山打行等，亦會於第二次易名時一同更易。但第二期易名終無實施。

除街名外，不少地區及廣場名稱均被日化。顯著者有堅尼地城被改為「山王台」、九龍塘被改為「鹿島區」、皇后像廣場被改為「昭和廣場」、兵頭花園（香港動植物公園）被改為「大正公園」等。

所有「街市」改稱為「市場」，「中央市場」要到 1993 年才恢復「中環街市」的原名。至於採用日本皇室名字的店號，須自動更正。

道路名稱的更改如下：

原名	日化名稱
干諾道中	中住吉通
干諾道西	西住吉通
告士打道	東住吉通
皇后大道中	中明治通
皇后大道西	西明治通
皇后大道東	東明治通
德輔道中	東昭和通
德輔道西	西昭和通
堅尼地道	東大正通
上亞厘畢道及堅道	中大正通
般咸道	西大正通
莊士敦道及部分軒尼詩道	八幡通
怡和街	春日通
高士威道	冰川通
英皇道	豐國通
干德道	出雲通
寶雲道	霧島通
彌敦道	香取通
太子道	鹿島通
域多利皇后街	憲兵消防街（後改為域多利街）
麥當奴道	蘭道（後復用原名）

檢閲濟　正公園より香港市街を望む

1942 年，日製明
信片，説明是由
大正公園（兵頭花
園）望向香港市
街。右中部為消防
局（原為滅火局）
大廈，左中部為域
多利監獄。

地區名稱的更改如下：

原名	日化名稱
西環、堅尼地城	山王台或山王區
石塘咀	藏前區
西營盤	水城區
上環	西區
灣仔	東區
鵝頸區	春日區
跑馬地	青葉區
黃泥涌谷、快活谷	青葉峽
香港仔	元香港
淺水灣	綠ケ濱
紅磡	山下區
尖沙咀	湊區
油蔴地	香取區
旺角及大角咀	大角區

原名	日化名稱
深水埗	青山區
九龍塘	鹿島區
九龍城	元區

其他地點及機構名稱的更易如下：

原名	日化名稱
美利操場（現長江中心）	香港陸軍操練場
皇后像的花崗石寶亭	告諭亭
海軍船塢	海軍工作部
香港會所	日本俱樂部
和平紀念碑廣場	日本俱樂部廣場
卜公花園	民眾運動場
兵頭花園（香港動植物公園）	大正公園
太平山	香ケ峰
皇后像廣場	昭和廣場
中環街市	中央市場
上環街市	上環市場
思豪酒店	日本陸軍下士俱樂部
修頓球場	八幡通廣場
太古船塢	三井船廠（後改為香港造船所）
尖沙咀西青年會	九龍下士官俱樂部
尖沙咀街市	湊市場
新填地街街市	香取野菜市場
油蔴地街市	香取市場
皇囿（京士柏）	九龍競技場
黃埔船塢	九龍造船所

▲ 已易名「綠ケ濱」
的淺水灣，1942
年日製明信片。

▲ 已改名為「東亞酒
店」的半島酒店，
約 1942 年日製明
信片。背向彌敦道
右翼的 336 號房
為 1941 年 12 月
25 日港督的受降
處。

▲ 東亞酒店發行的明
信片，約 1942 年。

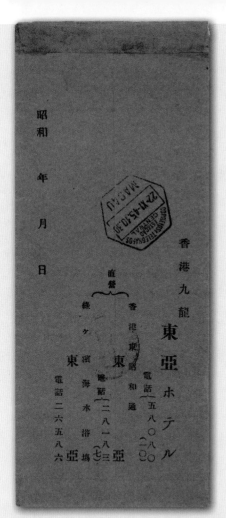

東亞酒店的信封，約 1942 年。其上有介紹位於東昭和通（德輔道中）、實為位於畢打街的東亞酒店（香港大酒店），以及位於綠ケ濱的東亞酒店（淺水灣酒店）。

分別被改名為「日本俱樂部」及「日本俱樂部廣場」的香港會所及其前方的廣場。

日據時期有 54 個「電車停留場」（電車站），各設有紅底白字的中日文站名標示。從以下的日化站名，亦可見部分地區、機構以至地點的變更（由筲箕灣至堅尼地城）：

原名	日化名稱
太古船塢	造船所
鰂魚涌	漁澤
太古糖廠	精糖廠
麗池泳池	豐國海水浴場
七姊妹	上陸濱
商務印書館	豐國印刷工場
炮台山腳	山水濱
軒尼詩道（由怡和街至莊士敦道）	八幡通一至三丁目
堅拿道東（現時代廣場前）	電車事務所前
跑馬地	青葉峽
馬場	競馬場
馬禮遜紀念碑（位於摩理臣山道）	筆塚
天樂里	青葉峽口
莊士敦道	八幡通四至五丁目
貝夫人診所	東區區役所
皇后大道東（金鐘道）	東明治通
海軍船塢前	海軍工作部前
德輔道中	東昭和通一至五丁目
天星小輪碼頭前（雪廠街）	香九連絡船口
干諾道西上環街市（西港城）前	西住吉通上環市場前
德輔道西	西昭和通一至七丁目
屈地街	藏前區區役所前
堅尼地城海旁	濱町
吉席街	北町
堅尼地城	山王台

▶ 日本人製名信片。約 1942 年
砵典乍街東望已易名為「中明
治通」的皇后大道中。（圖片由
陳照明先生提供）

　　上述的改變於 1942 年初開始實行。同年 4 月，日軍當局
表示「先從大處落墨」。

　　到了 8 月 8 日，當局宣稱「為清洗從前英夷據治下所遺留
之污點」，所有招牌或街頭廣告的英文全被塗抹、改換或拆除。

　　8 月 15 日，昂船洲易名為「向島」。

　　9 月 9 日，「街市」改稱「市場」。同時，所有路牌亦須更易。
新路牌的上端為日文假名，中為漢字，下為羅馬字母拼音，白底
黑字。5 個月後，取消羅馬字母。

　　1943 年 1 月，位於皇后大道中的南便上環街市（現上環文
娛中心）改名為「明治市場」，北便上環街市（現西港城）則改名
為「昭和市場」或「住吉市場」。

3 月 7 日，當局下令「長生店」（棺材舖）改名為「葬儀屋」。

和平後的 1945 年 10 月底，英軍政府將日文木路牌，以及炫耀日軍功績的日文木牌全部拆除，並釘回原本街名的中英文鐵路牌。

教育

1941 年 12 月，香港大學約有 600 名學生，攻讀醫科、文科、工科及理科。他們於戰時分別加入義勇軍、防空隊、聖約翰救傷隊及其他政府機構，協助防衛本港。淪陷後，有學生志願繼續求學，香港大學校長及各教授，在未被囚於拘留營前，即為他們簽發證書，以便他們投考內地大學。

1942 年初，大部分學生連同醫科教授王國棟（Professor Gordon King）中校，冒險抵達重慶。國民政府協助學生在國立大學求學，津貼生活費及提供免費食宿。國民政府亦在曲江、貴陽、桂林等地設立救濟處，接濟香港學生。

有些醫科生於畢業後，在中國軍醫、英美軍隊、紅十字會以及在緬甸前線服務，亦有畢業生在各盟國軍隊擔任翻譯。

香港大學學生在重慶成立「香港大學同學會」，並設 9 個分會，主席為當時中國駐蘇聯大使傅秉常博士。

淪陷後，有百多間由慈善團體包括東華三院、孔聖會、鐘聲慈善社、番禺會所、欖鎮同鄉會、順德商會及果菜行等舉辦，原靠嘗產收入及募捐經營的義學，因無法籌得經費，不能復校。

華民慈善總會資助 1,000 名平民學生免費入學，連同各工藝院及工賑院的兒童，為少數可接受免費教育者，後期全部被取消。

　　5 月 1 日，當局批准 20 間中小學校復課，包括：光華、西
南、知行、華仁、聖保祿女中、信修、港僑、湘父、鑰智、德明、
麗澤、聖類斯工藝院、香港仔兒童工藝院、聖保羅女校、培貞
等。但最終只有 12 間能復課。復因未有教科書，要到 5 月 4 日
才正式復課。

　　當時的學制為小學初級 4 年、高級 2 年；中學初級 3 年、
高級 3 年。

　　學校多採用商務、中華、世界書局原先出版的教科書。課
文包括國文、復興常識、復興衛生、算術、公民、說話範本、
歷史、地理、自然、植物、幾何、化學、物理；亦採用《四書》
及《古文評註》全冊。

8 月，另有 20 間學校獲准復課，包括：青葉峽小學、紅磡公立學校、聖瑪利、聖嬰、九龍塘學校、鳳溪小學、印童小學、怡華、淑志女子小學等。至於聖類斯小學、元香港兒童工藝院、深水埗德貞小學，則獲當局補助。當時，只有極少數兒童能入學讀書。

9 月，明園、義興、國民、義華、豐海、民生及新民共 7 間華人小學，獲准復課。

1943 年 4 月 1 日，香港東亞學院成立，設於半山柏道及巴丙頓道交界的原聖士提反女校。男女生合計名額共 170 人，入學要求為高中畢業。東亞學院是唯一由總督部直接管轄的教育機構，亦為日據時期的「最高學府」。課程分有普通科和高等科。學院於 5 月 1 日開課。

4 月 6 日，在醫院道育才書社原址設立的「海員養成所」，是日招收新學員。學員在油蔴地公司渡海小輪「民發丸」（原名「民發號」）及另一艘輪船「白銀丸」實習，然後登上機動帆船「南洲丸」試航。不過，訓練過程相當兒戲。

4 月 8 日，銅鑼灣小學校已開課，該校為失學兒童而設，支持者包括馬寶山、陳思豪及永發印務公司。同時，保良局在灣仔峽道（皇后大道東）原官立小學開辦印童小學。

7 月 15 日，港九共有 15 間中學，最著名的有中區的光華、港僑，西區的西南，東區的知行，九龍的鑰智及德明等。

設有幼稚園的中小學則有 6 間，包括：鴻翔中學、東區小學校、春日小學校、聖瑪利女子中學、青薈小學校及培貞女子中學。此外，還有總督部許可設立的私立西本願寺幼稚園。

7 月 27 日，慈善總會招考下學期平民免費學生。

▲ 課堂上的教師和學生，約 1942 年。

10 月，農事傳習所成立，訓練青年農民。數月後，學員往粉嶺入學。

報章說明，東亞學院的「普通科」為培養「事務員」而設。學院負責向學生介紹各機關、銀行及公司的職業。

1944 年 2 月底，東亞學院 42 名新生入學，由小林院長致訓詞。

3 月 30 日，總督磯谷廉介主持東亞學院畢業禮。有 102 名畢業生獲不同機構、商事會社、組合（公會）聘請為職員。

▲ 香港「總督部」指定的高小公民教科書，約 1943 年。（圖片由吳貴龍先生提供）

5 月，「海員養成所」遷往鯉魚門兵舍（兵房）。所長為池田元、舍監為黃達鏗，有 305 名學員。那時，盟軍戰機不斷轟炸香港，海員生命缺乏保障。

　　6 月 17 日，民治部長市來吉至表示，計劃重開香港大學，將從醫科入手，其次為文科。工科因器械問題不能即時重辦。當局打算在香港大學附設「專門圖書室」或研究室，亦擬重開香港大學圖書館及馮平山圖書館。

◀ 海員養成所的「航海科」之學員，1942 年。（摘自《寫真週報》第二百七十五號，1943 年 6 月）

◀ 海員養成所「機關科」之學員正在實習，1942 年。（摘自《寫真週報》第二百七十五號，1943 年 6 月）

7 月 12 日，中區的皇仁書院（現元創坊所在）及西營盤的官立漢文中學（現李陞小學所在），被人盜取木材。兩間學校僅餘巨樑與屋殼，當局決定將其清拆。位於西大正通（般咸道）的英皇書院亦失去窗戶及樓板等木材，但因結構無損，計劃稍後才清拆，但最終得以保留。

7 月 13 日，多間學校已停辦或準備停辦，包括紅磡小學、聖保羅、山王台的淑志以及旺角的鴻翔。

7 月 20 日，港九各私立華人學校放暑假，下學期定於 8 月 21 日開始。當局准許學校自由使用國語或廣東話教授國文課程。

▲ 位於荷李活道的皇仁書院，約 1905 年。日據期間書院亦遭盜拆及嚴重破壞。

同日，東亞學院舉行高等科學員畢業禮，男女畢業生共 15 名。

7 月 31 日，當局決定增收學費，不少學生因經濟問題退學。

9 月 14 日，因課本不夠，老師把課文寫在黑板上讓學生抄寫閱讀。另有學校實行分級交換課本，二年級生把課本交給一年級生。

9 月 25 日，香港總督部部立圖書館（正館）正式設立，即為原香港大學圖書館及馮平山圖書館，地址位於西大正通 94 號，由神田喜一郎任館長。稍後，再在該館之正館設立「專門圖書館」，作為「專門研究所」。

12 月 5 日，總督部部立圖書館之「分館」──「市民圖書館」開幕，位於花園道原梅夫人青年婦女會會址。圖書館藏書萬卷，共有 85 個閱覽席，為香港當時唯一的公共圖書館，但只限日本人才可借書外出。

12 月 31 日，鄧煒堂獲准在元朗設立中學。

1945 年 3 月，東亞學院舉行第二屆畢業典禮，畢業生 20 餘人，由參謀副長主持。學院於學期只收 3 名高等生，18 名普通生，申請學生須有「中日名士介紹」，才可報名。此時，學院實行宿舍制度，要求師生融入團體生活。

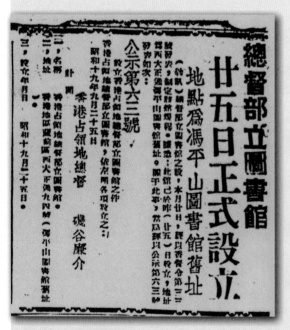

▲ 在香港大學馮平山圖書館設立「總督部立圖書館」的公示，1944 年 9 月。

6 月底，港九共有 580 名中學生、4,200 名小學生、96 名中學教員、201 名小學教員。中學有 15 間，共有 48 班，每班約 12 人。小學有 31 間，共 176 班，每班約 24 人。

7 月，華民慈善總會決定停辦平民義學。

為減少教育經費，教育刷新委員會準備由 8 月中起，縮減港九學校數目。數間中學，如培貞、德貞、聖類斯、麗澤及光華將被改為小學，然後與其他學校合併成為分校。又建議廢除若干間學校，包括：私立華仁中學、聖保羅女子中學、私立東區小學校、淑志小學及怡華小學。但計劃尚未實施，日軍已經投降。

8 月 3 日，東亞學院主辦的教員講習會，舉行畢業典禮，畢業生共 24 人。

日化教育政策

淪陷初期，日軍當局的文化部開辦教員講習所，目的為灌輸日本文化，而學生畢業後即可成為「日化」的教師。

1942 年 8 月，20 多間中小學復課，啟校典禮過程中，有奉拜日本旗、唱日本歌，以及向日皇宮遙拜等儀式。

同時，當局在各區開設大量「日語講習所」和「日本語教員養成講習所」。

最初一間教員講習所，是文教部於 1942 年 2 月在前聖保羅女書院開辦，提供為期 3 個月的課程。學生須通過日本事情、時局講話、音樂、教育及日語科目考試，才可畢業成為教員。

4 月 2 日，教員講習所第一期講習生（學員）共 150 人畢業；第二期則有 350 人。

7 月 11 日，總督磯谷廉介宣示「新香港教育方針」，指出應吸收「中日文化優點」，並要多用毛筆，少用西式的鋼筆和鉛筆。為了「改進華僑教育」，當局將編印新教科書，而暫用的原日教科書則必須刪除不當部分。

8 月 1 日，「日本語教員養成講習會」在鐵崗（己連拿利）聖保羅書院設立。

9 月，於麥當奴道聖保羅女校舊址，開辦另一班「日語教員講習」，為期 4 個月。又在各區設立 30 多間「日語講習所」，包括亞畢諾道的「平正」、威靈頓街的「興亞」及吳松街的「同文」等。

1943 年 4 月 1 日，香港東亞學院創立，由文教部辦理，以「增進華僑教育，培養各種人才」。

7 月 27 日，日語檢定（考試）於前聖保羅女校舉行。同時，「日本語教員養成講習所」的畢業典禮，定於鐵崗聖保羅書院的禮拜堂舉行。

9 月 20 日，東區小學校（原灣仔書院）舉行啟校典禮，由文教課長、地區所長等主持。啟校儀式如下：
    (1) 一同敬禮；
    (2) 開式之詞；
    (3) 國旗（日章旗）奉拜；
    (4) 宮城（日皇宮）遙拜；
    (5) 國歌（日本）奏唱；
    (6) 成立經過報告；
    (7) 臨席官訓詞；
    (8) 來賓祝詞；
    (9) 校長致詞；
    (10) 中國國歌奏唱；
    (11) 閉式之詞；
    (12) 一同敬禮。

1944 年 4 月 18 日，港九共有 60 間日語學校，學生達
6,000 人，比港九中小學生合計約 4,800 人為多。

1945 年 3 月，官立東亞學院的課程包括日語、道義（日本
東洋精神）、體育、音樂（唱歌）、代數幾何、商業、商事及實
務經濟。

日化節日

　　淪陷時期，部分傳統節日，被當局取締或禁止慶祝，但民間仍低調地舉行。相反地，日軍當局卻大力實施日化政策，命令市民慶祝每年 20 多個日本的「祝祭日」（節日）。

　　1942 年 5 月 1 日，民治部通知華民代表會，要在指定「祝祭日」懸掛「日章旗」（日本國旗），並放假一天。以下為日據時期的祝祭日：

日期	祝祭日及慶祝儀式
1 月 1 日	元旦日，總督部舉行「四方拜」
1 月 3 日	元始祭日
1 月 5 日	新年宴會
1 月 8 日	大詔奉戴日，日本陸軍始式紀念日，每年亦有兩三次新增的大詔奉戴日於其他月份舉行
2 月 11 日	紀元節，紀念神武天皇登位 2,600 餘年
2 月 20 日	總督部成立週年紀念
3 月 10 日	陸軍紀念日，在港九某高地舉行大規模的攻防演習
3 月某日（每年不同）	春分日、春季皇靈祭
4 月 3 日	神武天皇祭
4 月 25 日	靖國神社臨時大祭
4 月 29 日	天長節，日皇生辰
4 月 30 日	靖國神社春祭，紀念日俄戰爭陣亡的官兵
5 月 9 日	日本憲兵紀念日
5 月 27 日	海軍紀念日
7 月 20 日	海之紀念日
9 月某日（每年不同）	秋分日，秋季皇靈祭

日期	祝祭日及慶祝儀式
10 月 17 日	神嘗祭，靖國神社大祭日
11 月 3 日	明治節
11 月 23 日	新嘗祭，奉祭天照大臣
12 月 8 日	大東亞戰爭爆發週年紀念日
12 月 25 日	大正天皇祭及「香港攻略週年」

8 月 15 日，是日為農曆七夕（日本亦有此節日），當局指令在戰爭期間應取消此習俗，紙料店停售「七姐盤」。

1943 年，總督磯谷廉介擬廢除農曆新年習俗。

1 月 22 日，港島年宵市場設於八幡通廣場（修頓球場）；而九龍則分別設於油蔴地窩打老道、旺角亞皆老街及深水埗南昌街等。由年廿八至除夕通宵，小販可自由販賣，但須持有牌照。當時申請牌照免費。

3 月 2 日，為農曆正月廿六「觀音開庫」，太平山街觀音堂有不少善信和香燭小販。

3 月 6 日，農曆二月初一，為節氣「驚蟄」，不少婦女帶備寶燭、豬肉和豬血，往太平山街與磅巷交界處「祭白虎」（或「祭虎口」）及「打小人」。相信當時她們心目中的「小人」，必定是殘暴的日本皇軍。

1944 年，日軍當局不准市民開設市場及燃放炮竹，因為「大東亞戰爭日益熾烈，正進入決戰階段」。

10 月 11 日，農曆八月廿七，為孔子誕辰，南北行及花布街（永安街）以往皆有熱烈慶祝，但此時儀式從簡。上午在南北行公所舉行值理團拜，晚上則聯同永樂街的行商在添男茶樓舉辦音樂歌唱會，並柬邀各界來賓。

1943 年初，總督
磯谷廉介已打算廢
除農曆新年習俗。
1944 年，實行禁
止年宵市場及燃放
炮竹。

驚蟄日之祭虎口

（特訊）昨日農曆二月
初一日，俗傳蛇蟲鼠蟻出
現，多子街頭，迷信婦女忌
惡，開始出勤，燒香備辦燭
以祭「虎口」始自女祭虎口
之地點，本港太平山街與磅巷
交界處。今年雖非
不比往年熱鬧，但婦
名，因昨日婦女前往膜拜之情形，仍

▲ 1943 年 3 月 7 日，報章報導迷信婦女於 3 月 6
日（驚蟄）「祭虎口、打小人」的新聞，地點為太
平山街與磅巷交界處。

孔教聯合會的慶祝則改在孔教學院行禮，由岑光樾太史主祭，典禮上盧湘父略述孔聖誕來由。

另外，10 月 10 日為中華民國國慶日，是華人的公眾假期，當日市民須懸掛中日國旗，日本國旗在右，中國國旗在左。

此外，亦有其他華人節日於日據期間繼續舉行，如農曆四月初五至初七，在長洲慶祝的北帝誕。

宗教

日據期間，文教部批准各宗教團體「恢復活動」，但只為協力推廣「大東亞建設」，原來事務完全停頓。不少團體的會所及教堂被日軍佔用。

1942 年 6 月 10 日，九龍染布房街諸聖堂首次舉行日本部隊及將士「合同慰靈祭」大會。總督和軍政代表以及華民代表均有出席。

6 月 18 日，71 個宗教團體獲文教課准許恢復活動，當中包括青年會 (林子豐代表)、中華循道會 (張吉盛代表)、公理堂、禮賢會堂、聖保羅堂、聖士提反堂、浸信會堂、救恩堂及印度廟。

同時，日軍當局計劃設立以日本宗教為主的中央機關，統一全港宗教團體。

同年 6 月，日軍當局在灣仔道設立西本願寺，此外又設立東本願寺，教授華人日語。

7 月 12 日，多個恢復活動的宗教團體策劃「推廣新教政」，與「大東亞建設」協力，「共策大計」，原來的教務則陷於停頓。

8 月 19 日，羅馬教會會督鮑多特拜訪總督部，並代表羅馬教宗獻 45,000 元慰問傷兵。

11 月 30 日，日本青年會同盟幹事奈良五郎，策劃復興本港青年會，但最終無法實現。日據期間青年會會務完全停頓，尖沙咀分會亦被日軍佔據，改作「九龍下士官俱樂部」。

1943 年，當局在禮頓山上興建日本山妙法寺。

2 月，日本「宗教光覺者」法師宇津木二秀及友平江貞，發起香港宗教懇談會，有數十人出席，當中包括基督教、天主教、回教、印度教、佛教、密宗、靜土宗、曹洞宗、臨濟宗、直宗，以及目蓮宗等中、日、印宗教代表，但以日本教派為主。

當時已有 4 家「布教所」設立，包括真宗大谷派本願寺、日蓮法華宗香港布教所、日蓮宗身延山香港別院，以及曹洞宗布教所。

▲ 約 1930 年的跑馬地。圖片中右方禮頓山上的數間樓宇中，部分被日軍用作「日本山妙法寺」。

142

布教所四家許可設立

東區二　春日區一　湊區一

代表者為日人藤波倉野佐藤山口諸氏

公告第十一號

（特訊）總督部昨發表公告第十一號，許可四區布教所之開設，茲錄布教所開設許可者如左。

昭和十八年四月十六日

香港占領地總督部

許可番號	許可年月日	布教所名・代表者名・設立地
一	昭和一七・七・九	派本願寺宗大谷　藤波大圓　香港東區日住
二	昭和一八・四・七	華宗香地布教所　倉野小太郎　香港春日區加路運山道六四番住
三	昭和一八・四・七	山香港別院延　佐藤惠俊　香港東區東古通六七區住
四	昭和一八・四・七	曹洞宗布教所　山口影評　分尖沙區加半九龍尖區加半十六號

在港島東區及尖沙咀成立 4 家「布教所」的新聞。

4 月，香港佛教聯合會正式成立，由宇津木二秀法師主持。聯合會在西本願寺商討慶祝浴佛節、日語教授，以及籌款興建忠靈塔等事項。

4 月 10 日復活節，各基督教及天主教堂舉行主日崇拜，但教徒並無互贈糖果、餅及雞蛋等物。

6 月，宇津木二秀從茂峰法師手中接管東普陀寺，交由香港佛教聯合會管理。宇津木二秀建議將寺院全部地產改作小型農場。稍後，他並擔任該寺方丈。

9 月 9 日，當局在禮頓山上興建「佛舍利塔」，該處是交戰時雙方傷亡慘重的地點。

10 月 2 日，在日本山（禮頓山）妙法寺舉行「戰勝祈願會」，慶祝「皇軍武運久長」，並於晚上舉辦「提燈巡行市街」，沿途擊鼓唱題。

1944 年 7 月 20 日，香港佛教會成立。當時，香港的日本佛教派系有：真宗（屬下附設東本願寺及西本願寺）、真言宗、日蓮宗及曹洞宗 4 大派。

8 月，日軍當局的地區市務所文教系，調查教會、修道院及寺院等宗教團體，企圖加緊控制。在日軍管治的三年零八個月內的宗教，可用「日化」二字來形容。

　　1945 年 8 月 16 日，日軍投降翌日，西本願寺為留港日本人舉行「盆會」。

　　8 月 25 日，西本願寺在九龍香取通（彌敦道）136 號的英靈奉安所（聖安德烈教堂）舉行「英靈奉安式」，宣稱為最後一次。同時，日本海軍於「九龍下士官俱樂部」（尖沙咀青年會）舉行「南支部隊第九次戰歿者合同慰靈祭」，亦為最後一次。

◀ 3 名日本婦女在黃泥涌峽轟高信山上的「弔魂碑」前，用鮮花拜祭，1942 年。（摘自《大東亞戰爭畫報》第六年三十號，1942 年 12 月 8 日）

▲ 尖沙咀聖安德烈教堂，淪陷期間被改作「英
　靈奉安所」。

第十四章
金融與銀行業

貨幣

日軍佔領香港後，隨即推出「軍票」，與港幣一同在市面流通，初期為 2 元港幣兌換 1 円軍票，1942 年 7 月 24 日起，改為 4 兌 1。一年後的 1943 年 6 月 1 日起，港幣被禁止在市面流通，銀號及找換店亦同時禁止營業，市民被迫將港幣兌換為濫發而急速貶值的軍票。

淪陷初期，市民須往區政所換取軍票。港幣雖然通用，但以小額紙幣為主。由於大小面額紙幣之間不能兌換，導致小額紙幣短缺，大額 (100 元及 500 元) 紙幣以及殘舊紙幣均被拒用，而殘舊紙幣的界定亦往往引起爭議。面額 500 元紙幣的價值，約為紙幣面值的 70%。當時，華商總會 (即後來的中華總商會) 通告各行商會，切勿歧視破爛殘舊的紙幣，以維持金融穩定。

1942 年 6 月 9 日，19 間華資燕梳 (保險) 公司組成華商保險公會，不日恢復業務。當中包括先施、永安、聯安、上海、

聯泰、南華、宜安、全安、同安、聯益、太平、中國、萬安、
寶豐及康年等多家。

6 月 13 日，主席為劉鐵誠的銀行錢莊業協議會屬下的香
港華商銀行同業公會，連同華商總會實施行用各銀行發出的大
小面額及殘舊港幣鈔票。此舉令到 500 元面額紙幣價值回升至
82%，但於 7 月 22 日又跌回至 74%。

此時，當局嚴禁買賣美鈔。但由於一般富人對軍票甚至港幣
和國幣失去信心，加上美鈔面積細小易於收藏，故有不少人冒
險購買。當時，美鈔的黑市價格由戰時的 1 美元兌港幣 4.8 元，
升至 1 美元兌港幣 6.2 元。

7 月 17 日，當局規定由澳門攜款來港，不得超過港幣 100 元。

7 月 24 日，港幣和軍票的正式兌換率定為 4 兌 1。財務部
長中西有三表示，當局為「照顧」香港市民，沒有禁止港幣流
通，現仍承認港幣 25% 的價值，「理應感謝」。即日起，包括交
通費等所有收費，調升 2 倍。

當局指定以下銀行為港幣兌換軍票的交換所，包括：橫濱
正金、台灣、交通、東亞、華僑、廣東、中南、永安、鹽業及
康年。其他兌換方式均屬非法。

此時，各大建築物，如陸佑行、華人行、東亞銀行大廈等
寫字樓，租金改收軍票。而各行各業，包括先施、永安、大新及
中華等四大百貨公司，亦改以軍票支薪。日軍當局為維持港幣
大小面額紙幣的平等價值，不准折扣行用，公認錢莊不准經營
大小面額港幣兌換，亦不能經營以港幣兌換軍票。

7 月 28 日，由金銀業貿易場改名的金銀業交易所，主席董
仲偉（道亨銀號東主）召開會員大會，宣佈在財務部長命令下，
於翌日結束交易。此後大洋國幣的交易，只可由各日軍當局認
可的錢莊經營。

8 月 3 日，數十人在上環孖沙街原金銀業貿易場附近，暗中作金銀買賣，被憲查拘捕。

8 月 4 日，財務部長中西有三指出，美鈔為「敵性貨幣」，不能兌換軍票。港幣原亦被視為「敵幣」，但香港市民並非敵國人，故特許使用。而港區外的港幣則為「敵幣」，不許入口。中西有三被問到有多少軍票在市面流通，只回答「金額甚多」，但正確數字則「已忘記」。

8 月 7 日，謠傳港幣對軍票比率為 6 兌 1 或 8 兌 1，渣打銀行及有利銀行的紙幣停用。市民趕兌軍票，交換所空前擠擁。有一名市民拒絕使用軍票，被判罰軍票 500 円。

8 月 11 日，在任何米站、油站、柴站及糖站等購物須用軍票。此時，黃金的價格為每両 350 円。

◀ 用「日本銀行兌換券」加蓋的 5 円軍用手票（軍票）（正面和背面）。

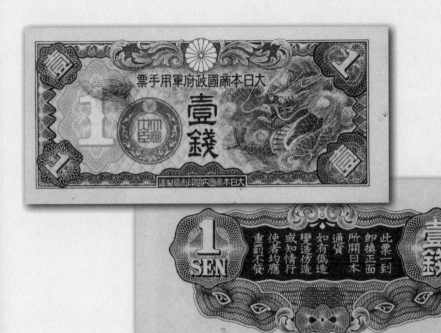

◀ 淪陷期間在香港行
用的日本軍票1錢
（上）和10錢（下）
（正面和背面）。

▶ 10 円軍票（正面和背面）。

▶ 100 円軍票（正面和背面）。

▲ 1942 年 7 月 24 日，《香島日報》有關由 2 元港幣
兑 1 円軍票改為 4 元港幣兑 1 円軍票的新聞。

1943 年，有股票經紀對香港前景充滿信心，已開始買賣各種外商股票。當時的成交價為：怡和每股軍票 20 円、置地每股 16 円、九燈（中華電力）每股 3.5 円。同時，各華商公司的股票，如先施、永安、廣生行等都有轉手成交。股票經紀行煥發公司，及位於太子行的楊有公司，不時在報章登廣告，徵求華商及外商公司股票。

　　3 月 7 日，財務部長中西有三宣佈，由日華銀行共同組織金融委會員，使金融界能緊密聯繫。

　　5 月 10 日，當局宣佈由 6 月 1 日起禁止使用港幣。持有港幣者須於 5 月底前往各交換所兌換軍票，銀行存戶亦須於 5 月底前把存款（包括定期存款）改為軍票。後來，港幣兌換軍票期限寬限一天，到 6 月 1 日為止。

　　5 月 11 日，當局宣稱將大量供應 1 錢（1 仙）及 1/4 錢（幣面為 2 厘 5 毛，相等於 1/4 仙）的軍票。但後者從未流通，現時為罕品。

　　5 月 30 日，港九商場停收港幣。由 6 月起，當局不准市民提取銀行的港幣存款，並廢止港幣兌軍票的交換所，銀莊及銀行亦被飭令停止營業。當局嚴厲取締私營匯兌，所有匯款必須經由橫濱正金銀行及台灣銀行辦理，違者重罰。

　　「軍票一色化」及停用港幣和大洋國幣後，不少錢莊、銀號及找換店改營其他行業，如永隆銀號（現招商永隆銀行）就曾改作燒臘店。亦有不少銀號遷往澳門及廣州灣（湛江）營業。部分銀號的存戶可在澳門或廣州灣提取存款。

　　10 月，每両黃金升至軍票 1,400 円。

　　10 月 26 日，當局回應大商戶的需求，發行面額 100 円的軍票。財政部長表示，此舉是為了「增強儲蓄策」及「資金收回策」，「並非多發軍票，於物價並無影響」。

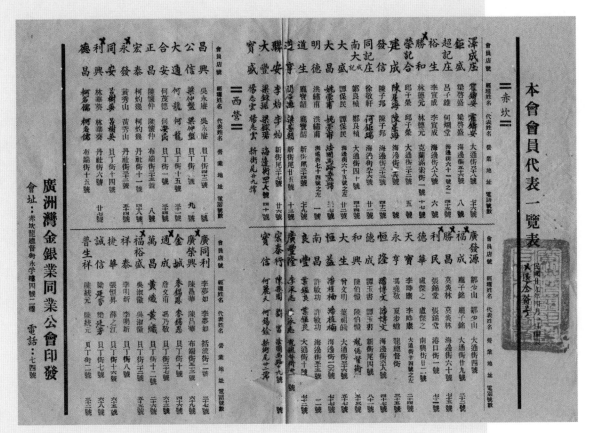

▲ 1943 年，廣州灣金銀業同業公會印發的會員及代表名冊，當中不乏香港
　金融界知名人士，包括：梁銖琚（香港恒生）、關侶漁（道亨）、霍鑄安（恒
　生）、馮堯敬（永亨）、潘博文（卓記）、何麗天（祥信）、楊志雲（寶盛）等。

永隆臘味家新張
（特價三天）
中明治酒莊壹貳號
即中央市場對面
電話貳八七五六

◀ 1943 年，位於皇后大道中 112 號的永隆銀號
　（銀行）改為永隆臘味家的新張通告。

▲ 寶盛金舖的廣州灣金銀業同業公會會員證書，1943 年。該金舖
的東主楊志雲於 1949 年在文咸東街 5 號開設景福金舖，以鏡
招牌及斜招牌而傳為美談。

1945 年 1 月 9 日，當局再度准許港幣及國內的舊法幣兌換
軍票，用前兩者去換取物資。最後限期為 2 月 7 日，此後，持
有港幣及國幣者將受重罰。

5 月 9 日，發出新版 100 円的軍票，正面為褐色，背面為
金魚紅色。

8 月初，日軍在戰事上失利，軍票大幅貶值，黃金升至每兩
23 萬円。據多位老行尊憶述，當時的金舖、金號皆獲厚利，為
該行業的正式「黃金時期」。為了「爭分奪秒」獲得最新金價行
情，電話的需求大增。

8 月 22 日，日軍投降後的過渡期間，日軍政府仍然增發一
種色澤較深的 100 円新軍票。

銀行

1941 年 12 月 8 日，九龍淪陷，港島銀行照常營業，提款
者擠擁。

12 月 10 日，銀行繼續營業，但各銀號則暫時停業，只有
少部分找換店或櫃枱繼續營業，以便市民兌換國幣。

淪陷後的 1942 年 1 月，日軍當局准許滙豐、渣打、有利、
萬國寶通（花旗）等十多間外商銀行開放 3 天，每存戶只限提取
港幣 50 元。

2 月，准許 10 間包括東亞、交通、上海商業等華資銀行復
業，但每戶（包括外商銀行存戶）每月只限提取港幣 300 元。

▲ 約 1943 年，途經東昭和通（德輔道中）與德忌利士街交界的
俘虜。馬來亞餐室西鄰的工商日報社所在，現為招商永隆銀
行。有説這批被囚於赤柱的外籍人士是由上環一間旅店步往
「香上（滙豐）銀行」，「協助」日軍「清算」該行的滙豐職員。

5 月 2 日，當局指定 13 間銀行為「敵性銀行」，包括滙豐、
有利、渣打、華比、通濟隆、新沙宣洋行、萬國寶通（花旗）、
荷蘭、義品放款、友邦、美國運通、荷蘭安達及大通。上述銀
行分別被橫濱正金銀行或台灣銀行清算。是日亦為上述銀行接
受存戶登記的最後期限。

5 月 15 日，各「敵性銀行」於是日起開放 10 天，准許個人
存戶提取存款，最多港幣 500 元，但只限中立國及非敵性的中
國人為限。提取地點為香上（香港上海滙豐）、渣打、友邦及華
比銀行。

5 月 21 日，部分華資銀行復業。由於物業價格難以評定，
按揭及匯兌業務暫停。至於新開儲蓄戶口，若銀行不認識申請
人的為人，多予拒絕。

6月2日，清算「敵性銀行」告一段落，當局表示將沒收和分配敵國資產。但當局又稱「各『敵性銀行』一早已將大部分資金，寄往英美本國及其殖民地，尤以香上銀行為甚，該行可謂全無現款，使一般存戶幾陷於無款可提的局面。」

各華資銀行存於香上銀行或其他銀行的資金，已在第一次還款時如數交還，因此華資銀行能緩和或取消提款限制，讓每戶最多可提款港幣500元。

6月5日至7日，橫濱正金銀行公佈，除敵國人外，香上銀行九龍分行和香港總行，以及渣打銀行的保管箱租戶，可於6月兩個指定時間內，取回存放的物品。同時開放的還有被台灣銀行清算的萬國寶通（花旗）銀行。

6月12日，「敵性銀行」清算完畢，放寬戶口提款限制，准許客戶提款兩成，但不得超過港幣500元。學校、病院及慈善團體提款則視情況而定。

6月16日，4間所謂「重慶銀行」，即中央、農民、廣東及中國國貨銀行，亦被定為「敵性銀行」而遭清算。

8月，原設於太子行的台灣銀行香港支行，遷往中明治通（皇后大道中）2號的橫濱正金銀行（該址原為萬國寶通銀行，現為成報中心）營業。

8月7日，華人在華資銀行的存款每月限提港幣300元。

9月11日，當局撤銷華資銀行提款限制，並稱華資銀行業已全面「復活」。

▲ 有關清算「敵性銀行」的新聞，1942年6月。

12 月 22 日，財務部長中西有三承認，當局沒收了各銀行保管箱內的敵國貨幣及黃金。黃金將以「定價」發還，但遭沒收的敵國貨幣，如美鈔及英鎊等，存戶「自應視為損失」。

12 月 31 日，停止提取「敵性銀行」存款。

1943 年 5 月 3 日，中南銀行香港支行結束營業。

8 月 26 日，華商銀行同業公會選出劉鐵誠及李子方為正副會長。

1944 年，華商銀行同業公會會長為劉鐵誠（交通），副會長為郭泉（永安），司理為溫業明（華僑），執委為李星衢（康年）、李炳南（上海商業）及王文光（國民商業）。

1945 年 1 月 23 日，當局指定日期開放各銀行保管箱，包括滙豐、廣東、大通、永安、國民商業、鹽業及東亞等，但存戶須先向橫濱正金及台灣銀行申請批准。

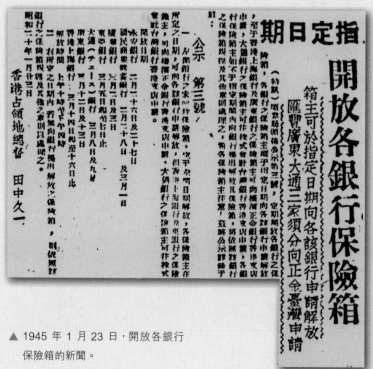

▲ 1945 年 1 月 23 日，開放各銀行
保險箱的新聞。

2 月 20 日，當局宣佈放寬以下銀行的擔保、信託保護動產及物品業務。當中，由橫濱正金銀行辦理香上（香港上海滙豐）、渣打、華比、有利、通濟隆、新沙宣洋行、廣東及中央銀行；而台灣銀行則辦理萬國寶通、大通、友邦、荷蘭安達、荷蘭、美國運通、中國農民及中國國貨銀行。

8 月 20 日，日軍投降後的過渡期間，於橫濱正金銀行及台灣銀行提款 30,000 円軍票以上，須申述理由。同時，橫濱正金銀行結束營業分所。

迫簽鈔票

一批於 1930 年代，由滙豐銀行印製、價值共為 1 億 1,900 萬，面額包括 50、100 及 500 元的鈔票，來不及銷毀而於淪陷期間被橫濱正金銀行於清算時發現。日軍當局迫令滙豐銀行總經理祁禮賓爵士連同多名高級職員，將這批鈔票簽署發行，俗稱為「迫簽鈔票」。

「迫簽鈔票」主要在澳門、內地尤其是上海流通，以購買物資。當時，英國政府透過中國國民政府發出警告，表示決不承認這批鈔票。

和平後的 1945 年 9 月 13 日，香港軍政府發出公告，指明以下號碼者為「迫簽鈔票」，不能作法定貨幣行用，包括：由 B350001 至 B550000 的 50 元、由 B485001 至 B650000 的 100 元，以及由 C126001 至 C300000 的 500 元。

宣佈後，隨即引起混亂，因為市面上不少相同面額的鈔票，皆被人將號碼、號碼「字頭」、日期以至簽名塗改行用，引致市民不敢收受滙豐鈔票。此時，「迫簽鈔票」的價值只為面額的 25%。

不過，政府憲報曾提及這批鈔票「需要處理」，亦有傳聞當局將承認「迫簽鈔票」；亦盛傳滙豐銀行在市面秘密收購，故「迫簽鈔票」的價格回升至約 50%。

1946 年 4 月 2 日，香港軍政府與滙豐銀行磋商後，宣佈由即日起承認「迫簽鈔票」為合法通貨，所導致的負債由政府與滙豐銀行共同承擔。不少人因囤積「迫簽鈔票」而獲大利。

　　據有關方面可靠消息，大量「迫簽鈔票」因戰火及種種原因而損毀及遺失，故港府與滙豐銀行所承擔的負債，遠遠低於 1 億 1,900 萬。

◀ 1934 年印就的滙豐銀行 50 元鈔票，於 1943 年被迫簽署而發行。右方為總經理祁禮賓的機印簽名，左方為高級職員的手簽。

◀ 100 元的迫簽鈔票。

160

第十五章
工商業

工業

1941 年 12 月攻防戰期間，英軍將多間工廠炸毀，包括船塢、發電廠、水泥廠及油庫。淪陷時期，日軍將其維修，恢復使用。

日據時期的重要工業，包括原來的華資及外資工業，被日本財閥霸佔並易名經營，如南洋兄弟煙草公司、電話公司、香港電燈、中華電力以至政府水務局等。

1942 年中，不少廠商向日軍當局呈報，望能准予復業。

1943 年 8 月 17 日，當局批准中華廠商聯合會恢復會務，同時又批准數百大小廠商復業。當時已復業者包括：大陸樹膠廠、合興花生油廠、梁顯利樹膠廠、大興織造廠和三光布廠。

另外，還有生產電筒、電芯、罐頭、食品、醬油、魚露及化妝品等工廠局部復工。可是，上述工廠不少於 1944 年起逐步結業。至於香港的重工業，則大部分被日本財閥霸佔經營。

1944 年 6 月，由日軍當局或日本財閥所控制、由多家廠商組成的金曜會，改名為香港工業會，當時會員名單如下：

名稱	原機構
南日本海洋漁業統制株式會社	
香港護膜（樹膠）織布工場	
香港麥酒酒精興業廠（又名青龍頭啤酒廠）	原香港啤酒廠（後來的生力啤酒廠）
台灣拓殖株式會社大埔農場	原李福林所擁有的大埔康樂園
香港印刷工場	原香港印字館
香港水道廠	原政府水務局
株式會社圖南造船所	
國際電氣通信株式會社	原香港電話公司及大東電報局
香港製菓（包餅）工場	
香港精糖廠	原太古糖廠
香港煙草廠	原南洋兄弟煙草公司
福大公司香港製釘廠，及第一、第二漆油工場	原太古國光漆廠
香港蔴纜工場	原西環香港蔴纜廠
香港酸素（硫酸）工場	
香港飲料水工場	原屈臣氏汽水廠
香港士敏土工場	原青洲英坭廠
香港化學工業廠	
香港電器廠	原香港電燈及中華電力
香港瓦斯廠	原中華煤氣

▲ 1942 年，在紗廠
工作的女工。（圖
片由每日新聞社
（日本）提供）

▲ 西環香港蔴纜工場（原「香港蔴纜廠」）的工場內
景，1942 年。（摘自《寫真週報》第二百五十
號，1942 年 12 月）

一家木船製造廠內，正在裝上「龍骨」的技工。（摘自《寫真週報》第二百七十五號，1943年6月）

港香 人國中もに船造船木

一艘即將舉行下水禮的木船及在旁的木船工人。（摘自《寫真週報》第二百七十五號，1943年6月）

此外，還有由總督部經營，後來改為「民營」的香港造船所（原太古船塢）、九龍造船所（原黃埔船塢），以及在針山開發鎢礦的台灣拓殖株式會社。還有不少位於土瓜灣、大角咀及長沙灣等地，由原來各大小船塢、船廠改營的造船所。

1945 年 2 月，香港產業振興會成立。

8 月，日本投降後 14 天的過渡期間，尚未結業的工廠繼續經營，直到英軍政府接替為止。

▲ 紅磡黃埔船塢全景，約 1920 年。船塢於淪陷時
　期被改作「九龍造船所」。1944 年，這一帶遭
　受猛烈轟炸。

▲ 約 1950 年的太古船塢。

商業

1942 年 6 月初，港島商店獲准復業，須向憲兵隊或憲兵派
遣隊申請「營業許可願」。

雖然獲准復業，但不少百貨公司及商店的存倉貨物已被日
軍當局「封存」。總督磯谷廉介宣佈，當局已打算「解放」貨倉，

並下令未被「解放」或「揭封」的公司及商行先行復業。
另外，又呼籲貨主於 1942 年 8 月 31 日向總督部申
報。

　　但稍後，磯谷廉介表示，市民應「承擔戰事之損
失」，因此當局將以「公道價」向商人收購存貨倉物，
然後「出售予人民」。可是，一年後仍無任何解決跡象。
而磯谷廉介更表示，若還現款予商人，他們將會搶購貨
物，引發通脹。最後，當局只向非敵性商人攤還象徵式
賠償，其餘則不了了之。

　　7 月 9 日，華商保險公會屬下的 13 間水火人壽保
險公司獲准復業。

　　日據時期，貿易額最大的商業機構為遍佈西昭和
通（德輔道西）、南北行街（文咸西街）以及永樂街一帶
的糧油雜貨商。但其中不少業務被日軍當局、財閥，以
及後來由官僚及財閥組成的興發營團所控制和壟斷。
一些大型百貨公司亦被日軍當局沒收，並交予日本財
閥經營。當中包括於 1942 年 8 月 21 日開幕、由連卡
佛公司易名經營的「松坂屋百貨商店」。其地如著名的
「威士文」（或譯作「聰明人」，Wiseman）餐室亦被改為
「富士食堂」。

　　9 月 1 日，由被沒收的惠羅公司（前德成大廈所
在）易名經營的「玉屋百貨」開業。

　　同時，在灣仔修頓球場內，於戰前興建之避難室，
被拆平後的地段變成小販區，雜架攤林立，多為故衣
攤，被稱為「灣仔大笪地」。其他露天故衣攤，多聚集
於港島荷李活道、士丹利街、東昭和通（德輔道中）、
西明治通（皇后大道西），以及九龍佐敦道、上海街、
亞皆老街及長沙灣道。

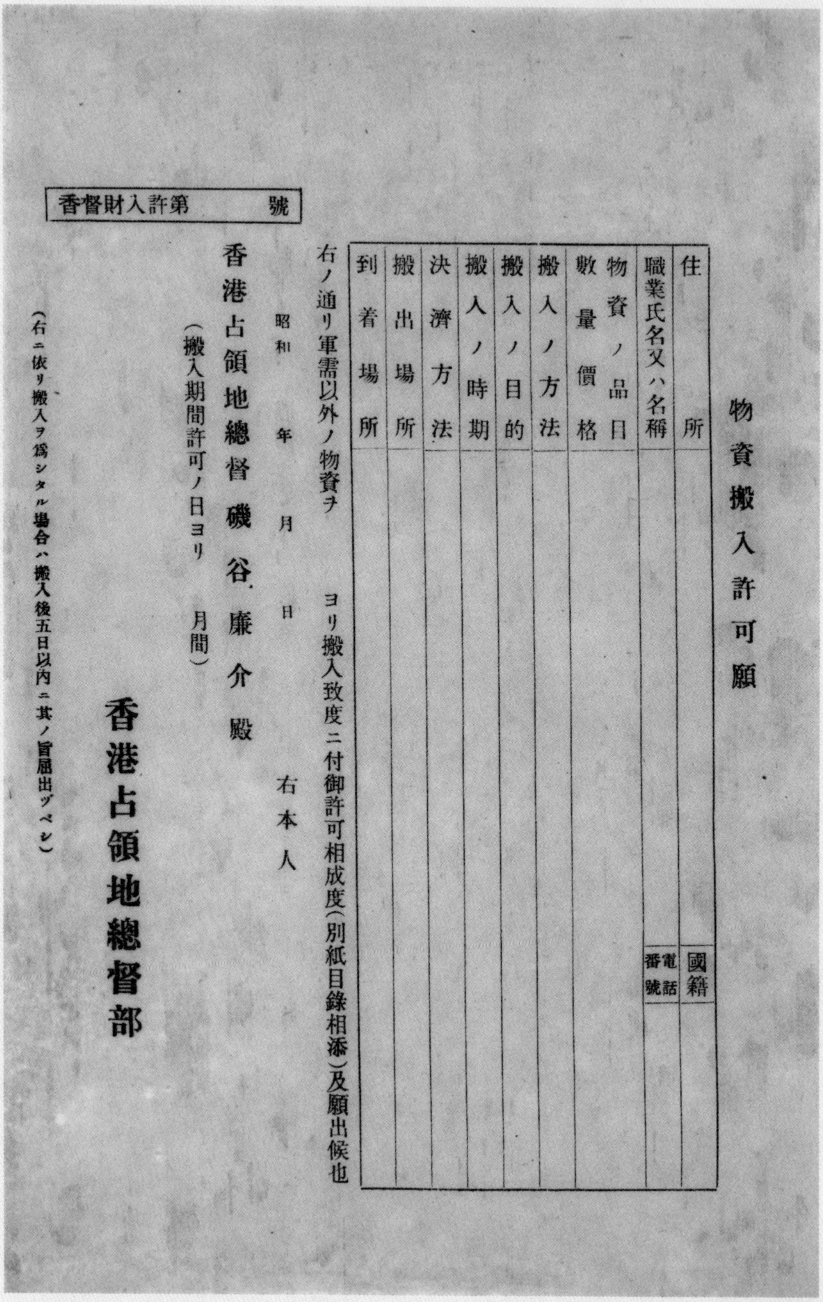

物資搬入許可願

香督財入許第　　　號

住所	職業氏名又ハ名稱	物資ノ品目	數量價格	搬入ノ方法	搬入ノ目的	搬入ノ時期	決濟方法	搬出場所	到着場所
	國籍　電話番號								

右ノ通リ軍需以外ノ物資ヲ　　　　ヨリ搬入致度ニ付御許可相成度（別紙目錄相添）及願出候也

昭和　年　月　日

右本人

香港占領地總督磯谷廉介殿

（搬入期間許可ノ日ヨリ　月間）

香港占領地總督部

（右ニ依リ搬入ヲ爲シタル場合ハ搬入後五日以内ニ其ノ旨屆出ヅベシ）

▲「物資搬入許可願」，即搬入物資的申請表。

謹此成謝為藎忠報國英蕡並祈禱皇軍將士武運長久

啓店現繼承惠羅公司舊址開設香港玉屋支店鐵定九月一日開幕

敝行曾在日本經營四大百貨商店如福岡玉屋佐世保玉屋小倉玉屋佐賀玉屋等均為諸位所悉者自古則為陸海軍御用商行而活躍至今日每次戰役敝行莫不以微力配給奉公尤在大東亞戰爭勃發後更以配給機關出而專心努力發揮已有效率至最高限度

此次隨皇土伸展至香港不圖竟被選為參劃新文化建設當願以微力貢獻敝店之榮譽實莫過于此者也

開幕伊始堅守敝店傳統性之店章一良品廉售一並領率店員全人合為一體將顧向「全球招待第一」之目標而努力敬希各界

對日本國內敝方商店亦能一視同仁代為照料

茲此開幕伊始特此感謝各界先整子以垂敬並祈祝他康！

又敝行二樓刻在修築中故暫選定樓下予以從新佈置充實日常必需百貨物件

昭和十七年八月廿九日

香港玉屋支店
田中九華太郎
暨職員仝人啓

▲ 1942年9月1日，設在惠羅公司的「玉屋百貨」之開幕啟事。

◀ 一張貼有日本釐印稅票的發票，是沽售華洋紙張予化妝品公司的廣生行的。

九龍的商店和 66 間港九押店亦於 9 月獲准復業。押店被
易名為「質屋」，在當局指令下，組成一香港九龍質屋業組合（即
押業商會）。由於內地故衣銷路暢旺，押店生意甚佳。

11 月 30 日，因無法與美國通商，「金山莊」商人紛紛改往
澳門及廣州灣發展。

由該時起，憲兵隊下令各行業組織「同業組合」（同業公
會），企圖藉此對各行業加緊控制。

1943 年 4 月 12 日，當局開徵「營業利益稅」，50,000 円
以下徵 10%，100,000 円以上徵 30%。至 1944 年 3 月 23 日，
營業利益稅改為 10,000 円以下徵 20%，500,000 円以上徵
60%。同時，亦增收以下稅項：

稅項	稅率
遊興飲食稅	5 円以下徵 10% 30 円以上徵 100%
酒類稅	中國酒每斤徵 2 円
娛樂稅	5 円以上徵 55%

飲食顧客須領取單據以備查核，沒單據者即屬犯法。若發
現瞞稅，除罰款外並判處肉刑。不少人因此避免外出飲食。

1944 年 2 月 1 日至 7 日，當局第一次象徵式攤還存倉貨
（敵性商人除外）。

1945 年 1 月 1 日，當局實施物品稅令，零沽物品徵稅
10%，違例者判監並罰瞞稅額的 20 倍款項。商行包括批發商及
露天攤販，每月須向當局呈報。繳納物品稅採用貼印花方式。當
時，稅務局設於中明治通（皇后大道中）公主行地下大通銀行原
址。稅款清繳須往橫濱正金銀行或台灣銀行辦理。

8 月 23 日，日軍投降後的過渡期內，日軍進行第三次攤還
存倉貨後，其餘大部分則不了了之，全無下文，商家損失慘重。

當時，被日軍控制的企業和商店，分為三大類：

（1）大商社如三井、三菱、日本郵船暫併入「興發營團」。營團若解散，商社將恢復原來業務繼續營商；政權交替後，將以商人立場經營。

（2）委任經營的商店，即被日軍強佔經營的商店。如松坂屋（連卡佛）、松原酒店（告羅士打酒店）、香港大酒店、玉屋百貨（惠羅公司）、台灣運輸株式會社（意大利郵船公司）、東亞酒店（半島酒店）等，於日軍投降後仍繼續經營，直至政權交替時才交還接收者。

（3）其他於日據時期開業的小規模商店，如運輸及貿易行等，多自動結束，少數資金較寬裕者則繼續經營。

珠寶金行

淪陷時期，香港的珠寶行業，一如黃金行業，亦異常蓬勃。僅僅由戲院里起至中央戲院止的一段中明治通（皇后大道中），就有 50 多間珠寶公司。較著名的包括：大行、大新、大利、歐亞、飛展、貴族、大信、珍珍、香港、遠東、香島、忠誠、戴文、任玲記、協成、珍光、榮興、寶華、公誠、大東亞、萬國、富生、新新、新亞、華人、玉珍、何天福、南盛、周生生、麗華、永安、順行、寶榮、泰興、大德，以及位於中明治通 148 號的周大福等。

上述的珠寶行及珠寶金行，專門收購離港或急需現金的市民、或日軍搶掠得來，拋售套現的珠寶玉石、金飾，以至名錶、鋼筆及相機等。不少富人樂於購買，認為收藏珠寶勝於冒險私存港幣或持有日軍濫發的軍票。

亦有珠寶商攜現金往當舖、押店，收購過期未贖的珠鑽玉器。這種收購稱為「拆當」。

普羅市民對加速貶值的軍票缺乏信心，亦會到這一帶的金舖，以及多間位於「竹樹坡」（弓絃巷）的「落爐舖」（收購舊金飾的店舖），購買金條或金飾以作保值。

日據後期，當局開徵多種苛刻稅項，並重罰違例者，以致大量商店結業，可是，珠寶行及金舖的業務仍然一枝獨秀。

前述的珠寶公司當中，大行、大信、任玲記、周大福、周生生、順行、寶榮以及老牌的南盛等，於和平後皆有長足發展。大行的蕭姓和冼姓老闆階層，長時期為該行業的老行尊。

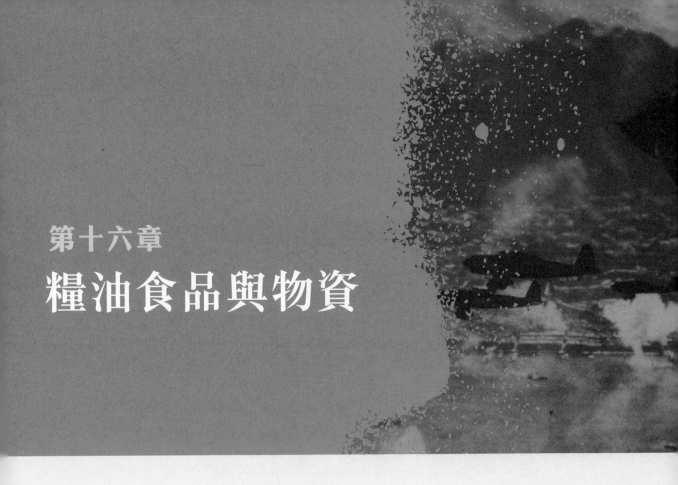

第十六章
糧油食品與物資

糧食

日據期間,因物資缺乏,當局採取白米配給制度,市民須每月往居住區的區政所,領取配米票(通稱「米證」),輪候申請人龍往往達千人以上。市民辦理手續時,須帶備「居住屆」等文件及簽名蓋章。

「米證」為十聯格式,每 3 日配米一次,每人每次可配米 1 斤 3 両 2 錢(即 6 両 4 錢 × 3 天)。華人及「第三國人」(即中立國的印度、德國及意大利人)均可獲配米。

當時,當局視婚嫁為「人口遷移」。新婚夫婦須先往區政所領取遷移證,然後更改配米額,男家增配,女家則減配。嬰兒出生可申請配米,但須有接生婦或醫院證明。居民離港須先繳銷米票。離港復返,須憑「渡航(旅行)許可願」(被核准的「乘船旅行申請書」)往區政所申請恢復配米。遷居家庭要到原屬的區政所取消米票,再到新住址的區政所申領米票,虛報者將被罰。

◀ 一間由「總督部」指定
的「港九白米配給所」
排滿輪米的人羣，約
1942 年。

　　1941 年 12 月底香港淪陷後，南北行街（文咸西街）被圍牆
封掉，車輛禁止進入，以防搶米。該街及附近一帶有 16 家入口
米商，稱為「元捌處」或「元發處」（批發處），其以下有「元銷
處」（即「三拆米商」）。

　　當時，當局指定市民往指定「小賣店」（米舖）購米，往往須
整夜輪候。若有市民插隊，即被日軍用刺刀刺死，屍體被推落
海。

　　淪陷初期，白米每斤售軍票 20 錢（港幣 40 仙）相對於戰
前的每斤 6 至 7 仙，上升了 5、6 倍。到了 6 月，再升至每斤
60 錢，黑市價更貴 2 倍。

　　8 月，隔期配給大米與米碎。

　　1943 年，總督部建議利用新界荒地、花園、山頂、高爾夫
球場、競馬場一部分，種植稻米及番薯等雜糧；甚至建議將海

▶ 元朗合益公司發
給一間糧舖的「代
收納糧銀單據」,
1942 年。

邊一帶的鹽份抽去,以開闢水田。後來,多處上述的地段,亦包括香港大學部分空地及皇后像廣場等,也曾被用作種植場。民治部水產課亦教授種植台灣「蓬萊米」的方法。當局更計劃向廣東購買剩餘的軍馬來港,協助新界農民耕種。

稍後,黑市米不易購得,各茶樓及菜館停止供應米飯。

10 月,配米改為「米、豆各半」,豆類包括白豆、眉豆及稱為「竹豆」的荷蘭豆。後來有一俗語謂「飽死荷蘭豆」,形容人囂張,便由此時開始流行。有一種黑市白米為新界大埔出產的「兩頭尖」靚米,每斤 2 円 70 錢;還有一種「火燒米」,由被盟軍戰機炸沉的運米船獲取。而番薯的價錢同為每斤 2 円 70 錢。

11 月 28 日,胡文虎邀請辦米商人及關心民食人士,在灣仔道 179 號虎標永安堂 2 樓,商量辦米入口,以「維持民食」,目的非為經商牟利。隨即組成香港民食協會,集資 1,000 萬円,並設立一中僑公司以辦米入口。

▲ 日本人印製明信片，主題為新界農田，1942 年。

12 月 1 日，中僑公司公開招股，由華僑銀行、東亞銀行等代收股本。

民食協會會址為東昭和通（德輔道中）5 號 2 階（2 樓），由以下 8 大米商及 7 家雜糧商組成，包括：乾泰隆、乾興棧、振南行、源和行、南和行、永豐隆、榮豐隆、振盛行、利豐、泰生行、永興隆、鉅發源、志成行及東榮公司。李福士、馬英、何崇階、盧武傑、蔣展文、黃錦英等各米商代表，選出胡文虎為協會會長，何崇階及馬英為副會長。

入口米商之一榮豐隆的東主陳卓堅曾對筆者說，該協會後來作為不大。

當時，街邊售米的小販大增，如位於西昭和通、奇靈里的售米小販，由二、三十人增至七、八十人。

1944 年 1 月中，配米價格每斤升至 75 錢。民治部長建議市民曬乾番薯代米。經濟飯店售米飯，每斤為軍票 2 円 50 錢。

3 月 15 日，總督磯谷廉介宣佈，由 4 月 15 日起，除了「與戰爭遂行香港建設有關者」照常配給外，一律停止對一般民眾配給白米。磯谷廉介稱民眾須「各自設法」，又呼籲糧食運輸商「各自努力辦運入口」。

當局嚴懲囤積白米行為，有市民搜購過萬斤白米被嚴訊。此時，中僑公司派機動帆船往泰國及越南辦運白米來港，但遠遠不敷需求。

有工作能力人士，均湧往工廠、造船所、礦山等地方打工，以求米糧。當局繼續鼓勵港人回鄉，透過減少人口以應付糧食短缺問題。

4 月 15 日起，大部分米站結束，只餘 25 個米站供應白米予「協力聖戰及建設新香港」人士，當中包括教師及其家屬。但稍後他們的配米資格亦被取消。

當時，有所謂「商米」的白米抵港，但價格已由停配前軍票 3 円升至 6 円多。各區紛紛成立民食合作有限社，籌集股本運米糧來港，供應予持股社員。當時的白米源自廣東省及泰國，最為人熟知的一種泰國米是「金風雪牌」。

8 月，米價節節上升，磯谷廉介下令兩華會促辦運穀入口，並鼓勵市民設立輾磨工場。

9 月 1 日，磯谷廉介主持「交易公社」成立典禮。該公社有資本 1,850 萬，性質一如現時的總商會。其主要業務包括：
(1) 採辦、入口、移入和保管軍需物資；
(2) 協助一般物資出口、入口、配給；
(3) 調查物品價格；
(4) 保管、批發、配給物品；
(5) 代呈上述商品的許可申請和發給證書；
(6) 調查研究經濟事宜。

「交易公社」設於橫濱正金銀行，並設「華人相談所」，協助華商辦理貨物入口，並於地下接收申請書。公社職員全為總督指派的日本人。

同日，當局實施貿易統制令，物資進出須向「交易公社」呈交申請書，等候核准。總督磯谷廉介表示，盡力協助日、華及「第三國人」辦運物資入口。此時物資極度缺乏，物價飛漲。

12 月，白米配售價（只限於少數人士）每斤由軍票 1 円半升至 3 円，但市價則為 17 円半；至 1945 年中更躍升至 100 円。

1945 年 4 月 1 日，日軍政府官員及日本財閥，包括三菱、日本郵船、大阪商船等組成「興發營團」，取代 1944 年 9 月 1 日成立的「交易公社」，以「促進對外貿易、運輸和搜購物資」。營團總裁為交通部長堤正威，所有物資入口須經該營團審批。

實質上，「興發營團」是用低價強購華人米商的入口白米及物資。該營團為求壟斷市場，除接管「交易公社」外，也接管「機帆團」及「海員工會」的業務，處理所有「戎克」(Junk) 航行的申請，全面控制海上物資和交通工具。

5 月 15 日，「興發營團」撥出少部分存米，以每斤軍票 75 円（即市價九折）透過屬下米商包括萬安、誠信及協德發售，每人限購 2 斤，但仍供不應求。

5 月 19 日，該營團再以每斤軍票 90 円，出售存米予持有住民證的戶主，每人限購 5 斤，引致大排長龍。另外，又撥售 1,500 斤米予蘇浙同鄉會，以舉行「平糶」的白米配售。「平糶」於 5 月底停止後，白米及雜糧價格再度飛漲。

8 月 11 日，米價升至每斤軍票 300 円，伸算為港幣 1,200 元，不少人餓死街頭，亦有烹食屍體事件發生。

8 月 16 日，日軍投降翌日，米價下降至每斤 60 円，為「興發營團」的「平糶」價；第二日再跌至每斤 30 円。一個月後，「公價米」的配給價只為港幣 2 毫。

同時，「興發營團」表示，「為民食服務，決繼續至最後一瞬。」又謂「將來如得新當局諒解，政權交替之後，仍繼續工作。」這是日本軍閥及財團的「奢望」。

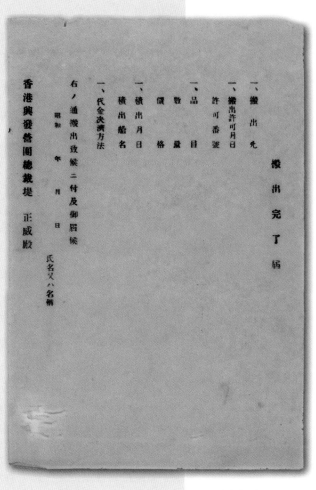

▲ 壟斷糧食供應之日軍「興發營團」的貨物搬出申請表，1945 年。

各類食品

在日據的三年零八個月期間，日軍當局採用統營制度，控制魚類、肉類及蔬菜的出售，由當局先抽取 21% 佣金後，才批發給小賣商零售。不經統營而私自出售食品的漁民及農民，均被處以「軍罰」。

至於糖、油、鹽及牛奶等物品，須憑配米證領取不同的「證件」（如糖證等）以配購。1942 年初，每人每月配給白糖 4 兩 8 錢，價格為每斤軍票 1 円 1 錢。稍後，價格大幅提升而且不易購得。同時，冰室及咖啡室搜購罐頭花奶及煉奶，形成渴市。當時香港仍養飼乳牛以供應鮮奶，牛油則每磅售軍票 3 円。

1942 年 3 月，由貿易課管轄的「菜肉荷受組合（公會）連絡所」成立，是為督促牛、羊、生豬、三鳥類、蛋類及瓜菜業商人，成立組合（公會）以入口各類食品。

6 月，因材料價格上升，端午節糉類銷路大減，茶樓亦多無「大包」供應，改為售賣被稱為「逗泥糕」的鬆糕。

7 月，粵港成立貿易協議，廣東將蔬果及肉類輸港，香港則把過剩的民用物資輸粵。

8 月，位於北角的屈臣氏汽水廠，被改為「香港占領地總督部管理飲料水工場」，以「香港汽水」為品牌出售各種汽水，如可樂、梳打水、檸檬汁、橙汁等。其他汽水廠如安樂及安樂園亦生產汽水。所有汽水的批發價為每瓶軍票 30 至 35 錢，市面售價則為 80 至 90 錢。當時亦有一種菲士蘭雪糕在市面出售。

此時，食鹽成為罕有品，一有配售，瞬即售罄。

8 月 16 日，在港九市場設立「物資調辦所」。港島區的調辦所設於中央市場（中環街市），專門統營港九兩地漁務。商人將魚類交給市場販賣，每港幣 100 元抽佣 3 元。

於日據時期改名為「中央市場」的中環街市，1992 年。

10 月，正值中秋節，由於油、糖及麵粉價格暴升，不少茶樓停辦「月餅會」，退還供款。茶樓只出品小量月餅應市，每個約為港幣 1 元多至 3 元，亦可購半個。由於價格高昂，月餅被其他廉價餅食如小鳳餅、棋子餅、鹹切酥及杏仁餅等取代。

1943 年 1 月，當局指定「昭和市場」(北便上環街市，現西港城) 用作批售瓜菜給露天街檔的攤販。而「明治市場」(南便上環街市，現上環文娛中心) 則用作肉類蔬菜的總批發，亦名為「香九大賣 (指總批發) 市場」。

及至歲晚，糖果缺貨，市民以杏仁餅代替煎堆、油角。製造杏仁餅的店舖有富香園、咀香園、崗香園、振興、隨園、敏香園及佛動心。

2 月 15 日，當局在山王區 (西環) 開設「水產卸賣 (批發) 市場」。由各漁場組合 (公會) 運港的鮮魚，須先交給戎克 (Junk) 漁業組合，再交予卸賣 (批發) 市場，然後交給由 15 名魚欄東

主及 3 名台灣人組成的仲賣（中介）人，經過評定價格，及政府抽取 21% 佣金後，才供予小賣商零售。和平後，香港政府仍實行漁類統營制度。

稍後，兩個「水產卸賣市場」分別在筲箕灣及窩打老道 23 號開設。當局警告，不經卸賣市場私自出售魚穫者將被處以「軍罰」。

此時，海味乾貨日漸短缺，臘味多由廣州灣（湛江）運來。

6 月，當局下令各區市場和桔商執行公價零售，「總公價牌」設於中央市場。此時，花生麩（即搾了油的花生渣）及豆腐渣等，成為普羅大眾的主要糧食。

7 月，當局配給食鹽，每斤公價軍票 20 錢，但因來源不繼，曾暫停配給 10 天。配鹽站包括位於威靈頓街 120 號的「永和」，而該座樓宇仍然存在。供應市面的魚類，多為在港內撈獲而製成的鹹魚仔，每斤約售軍票 50 錢。

豬隻主要來自廣州，少部分來自新界米埔，須先交予「大賣市場」，再交給「仲賣人」，最後交予「小賣人」屠宰發售。

位於薄扶林的牛奶公司牧場在淪陷期間易名為「香港牧場」，內有千多頭乳牛。銅鑼灣地區（包括東角一帶）有 9 處由居民經營的乳牛牧場，共有百多頭乳牛。九龍區（包括鑽石山一帶）由華人經營的牧場則有 26 處，共有約 400 頭乳牛。

生雪則由「總督部管押冰凍工場」（原牛奶公司冰廠，現為皇室堡一帶）生產。

由此時起，米糧及副食品等愈趨缺乏。當局指令各區事務所鼓勵居民利用荒地種菜，並在騎樓及天階（天台）飼養雞鴨。日軍又在上水金錢村、大埔康樂園、錦田舊機場等設立大規模

農場，並在大澳增加牛羊的生產。

當時菜價每斤已由軍票 20 錢增至 70 錢，不少市民無力負擔，改吃番薯葉。「高檔」一點者，則用咖喱烹煮。

不少人會乘搭頭班火車往粉嶺，再步行至上水石湖墟，購買蔬果、雜糧、魚、肉，並於中午趕回港九市場出售，稱為「走貨」。當時，有 2,000 多人靠此獲取每日 10 円軍票的利潤維持生計。他們亦會到元朗及大埔等墟市購貨；亦有長洲和大澳居民「走貨」到港島販賣。

10 月，病患及未滿 1 歲的嬰兒可獲配給牛奶。申請人須向有開業資格並已開業的主診醫生領取「配給證明書」，然後持證明書往橫濱正金銀行 4 階（樓）的衛生課蓋印，再往「香港牧場牛乳配給所」（牛奶公司，現藝穗會）請求配給。每瓶牛奶售軍票 1 円 50 錢。每名醫生每日最多只能發出 7 瓶牛奶的配給證明書。

1944 年 3 月，當局為杜絕「走貨」，新界肉類輸往市區須先獲取許可。同時，當局將豬肉、牛肉的公價大幅提高，豬肉每斤售軍票 58 円。此時，街市不時有馬肉（部分為賽馬或拉車倒斃者）和騾肉出售，因價格較廉，吸引市民大排長龍輪購。

當局在山王台香港大學球場原址，開闢「憲兵隊耕種開墾農場」，由憲兵隊隊長野間賢之助親自示範耕作。

總督磯谷廉介表示，市民應有「無米食薯，無薯食豆，甚至飲水的精神」。而《華僑日報》在當局指引下，呼籲市民要「勒實肚皮，習慣成自然」，並說吃東西只是「過牙癮」，不吃決不會壞肚皮。

同時，由於缺乏成糖而停止配給。當時一罐「孟山都牌」糖精，可換取一幢樓宇。

位於威靈頓街的永
和雜貨店，淪陷時
期為配糖及鹽站，
約 2005 年。該座
舊樓現仍存在。

1943 年，有關各
糖站前「候購者
苦」的新聞。

各·糖·站·前·候·購·者·苦·

糖商組合應即設法

增加各站配給　使能隨到隨購

既便居民亦可保市街美

（特訊）港九各糖站帶發如配給者、據稱頗多、查是期以特訊、昨
日居民到各糖站帶發如配給者、據稱頗多、查是期以特訊、昨
貨可配給完畢、凡有米證者、如本期未能領到、留須至下期始可領另一、一人較多於糖商組
合均可照領。糖商組合辦法、廣加各站糖配給、使每一糖站均能　供應居民之需、
要而體到隨購、以免購者鵠立輪候、荒廢光陰、且免受風雨
烈日之苦。而「市街美」亦得維持矣。六、

油站長龍
移於糖站

（特訊）昨日日本軍米糧配給之第三天、除有一二油
紡于昨日下午始發外、其餘各區油站仍有油配給。為近數期來配
紛紛間之最長者、惟民購油之便利、到近候油配給、隔到隨
領、下須等候。與日前之擠水現象、判若天淵、油站門前之「長
龍」、已轉扶於糖站門前、因昨日之公賣砂糖配給之第一天、市

內尚有消息六。

民領油如故、又須相到另糖也。
（特訊）關於實黑川部、本月份配給、應據油商組介消息、商工課尚未批示、橫短期

8 月，醫生每日發出的牛奶配給證明書減至 3 瓶，並只限病重者及出生不足 6 個月的嬰兒。每瓶牛奶售價倍升至 3 円。一個月後，停止牛奶配給。

9 月，台灣拓殖會社與兩華會聯絡，計劃利用新界荒地建設大型農業畜牧場。

12 月，豬肉公價攀升至每斤 150 円、牛肉 96 円、上雞 120 円、大魚 55 円。

1945 年 3 月，當局撤銷肉類蔬菜總批發的「大賣市場」，改設「卸賣（批發）市場組合」，露天市場照常存在。

5 月，大埔康樂園被改為「總督部管理大埔農場」。當局同時利用「昭和廣場」（皇后像廣場）種植雜糧。競馬場及部分啟德機場的荒地亦被用作耕種。

6 月 1 日，恢復持醫生證明書配給牛奶，不過售價卻由 3 円升至 20 円。

8 月 12 日，肉類由「斤」改為以「両」論價。馬肉每両售軍票 50 円，牛肉每両 40 円，仍瞬即沽清。

此時，不少人被迫吃木薯粉、死老鼠及死屍果腹，往往因營養不良或中毒而生病，當中以腳氣病居多，而餓死及病死者不計其數，搶奪食物事件十分普遍。經常有被棄置於街頭的屍首，被餓民割去手、腳、臀部以至臉龐的肉塊充飢。

8 月 14 日，位於記利佐治街的「南日本漁業統制株式會社」（原牛奶公司冰廠），批發「大公司雪糕」。佛動心餅家標榜招聘原連卡喇佛公司的餅師，巧製「第一等麵包」出售，但價格高昂，有能力購買者不多。

原設於中央市場 4 樓的「卸賣市場組合」，遷往位於南便上環街市已結束的「大賣市場」原址，除出售菜、肉等食品外，兼售米糧。

8 月 17 日，日軍投降後第二日，復業的牛奶公司與連卡喇佛合作開設一間大利連（Dairy Lane）超級市場，主要製造麵包供應給以集中營戰俘為主的外籍人士。

8 月 20 日，因商人急求脫手，糧食及其他食品售價急降。由日軍控制的各「卸賣市場組合」亦紛紛解體。

9 月 1 日，魚類價格每両售價普遍仍達軍票 20 円以上。

▲ 利用部分廣場種菜的日軍，1942 年。（摘自《寫真週報》第二百五十號，1942 年 12 月）

油與酒

淪陷期間，市民須憑「物資配給證」往米店領購食油。早期領購的為花生油，後來變為椰油或菜油，而且價格不低。不少人改用牛或豬的肥肉，甚至鯊魚肝搾油。

1942 年 5 月，食油價格升至每斤港幣 4 元，不少人以豬膏油及有羶味的牛膏油代替，後兩者每斤亦索價 2 元。

當時，港九的生油小賣店停業。有歹徒向途人兜售「生油」，其實大部分為「黃枝水」，在瓶外貼上錫紙遮掩水與油的分界線；亦有人以「棉子油」冒充牛油出售。

8 月，每人每月獲配給生油 9 両 6 錢，油站多設於米店內。

11 月，本港及新界的土搾生油商紛紛復工，每日可生產 25 擔生油。

1943 年 3 月，第 43 期配給的是荷屬印度（現印尼）的泗水油。第 44 期則為椰油，每斤軍票 1 円 40 錢，須憑米證領配。有人於早一晚已在油站門前輪候，由於供應不多，不少人「打尖」。黑市油價大漲，有人用臘肉搾油，亦有人用鯊魚肝搾油，但多吃會令人消瘦和面部脫皮，很難治癒。

5 月，第 52 期和第 53 期配油停止，市民被迫購買黑市油及肥肉搾油。

7 月 17 日，恢復油配給，但公價已由軍票 1 円 40 錢升至 3 円 15 錢。配給的食油為復興煉油廠（東主為陳廉伯）提煉的椰油混入生油。當時的煉油公司除復興外，還有位於雲咸街 61 號，以地球為商標的越智。

8 月，生油公價每斤升至 5 円，椰油 3 円 50 錢，稍後亦有

◀ 一間永樂東街店號的現沽單，可見一斤椰油的價格為軍票 70 円。

菜油出售。到了 12 月，生油升至每斤 15 円，椰油每斤 9 円，每人每月限配 1 両 6 錢。

1944 年 2 月中，配油再次停止。

4 月 4 日，油價升至每斤軍票 36 円。

1945 年 8 月初，油價再升至每斤軍票 400 多円（折合港幣 1,800 元）。

和平後的 8 月 30 日，油價降至每斤軍票 150 円。

1950 年代，上等生油每斤僅售港幣 1.5 元。

在日據的三年零八個月期間，酒莊及酒舖的發展十分蓬勃。港九兩區的大街小巷，有很多賣酒的店舖和攤檔，買酒的「劉伶」絡繹不絕，不少市民相信是以酒來「一醉解千愁」及「但願長醉不願醒」。

早期的釀酒原料從南洋一帶入口，早期的唐酒（土炮）每斤約為米價的 2 倍，後來因原料來路斷絕，價格大幅漲升。

至於啤酒，則只有位於深井的「香港麥酒酒精興業廠」（原香港啤酒廠）出品的「香港啤酒」。

於 1942 年中，如斧頭三星拔蘭地及威士忌等洋酒還可在黑市購得，後來則絕跡。

以下為日據時期部分著名酒莊及出品：

酒莊	出品
人和悦酒莊	豉味人和酒、西藏菩提酒
醴泉酒帘	白朮酒、三龍雞鶴酒
永生和	龍虎鳳酒
醴馨、醴香、利人和及岐豐玉酒莊	雙蒸酒
醴棧酒莊	猴子蛤蚧酒、龍豹鳳酒
天心堂	鹿茸酒、人參虎骨酒
昌源酒莊、杏林莊	九江雙蒸酒、育陰扶陽酒
和德酒莊	半楓荷腳氣酒、馮了性風濕酒
鉅發源（入口米商）	原罈紹興花雕酒
梁國英	人參當歸酒
義隆酒莊	玉冰燒
昆興酒莊	螺山三蒸酒
黃廣善堂	虎骨木瓜酒
裕和豐酒莊	滴珠九江糯米酒
生泰酒廠	赤米老缺精
永和堂	養正培元酒

此外，還有標榜「味同拔蘭地」的「白蘭仙露」、國樑酒和中華白蘭地等，種類繁多。

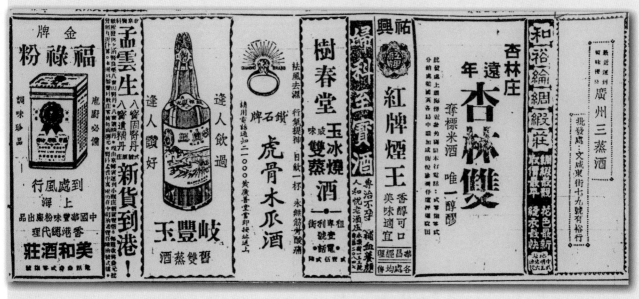

▲ 1944 年 3 月 31 日，多家酒莊的廣告。

多間上述酒莊、酒廠的出品，於和平後仍為飲客至愛。

同年，酒商請求當局配給白米釀酒，但當局以米糧寶貴、釀酒非必要為由拒絕。酒商多由荷蘭屬地爪哇運來桔水，或自行以赤砂糖或糖製造桔水釀酒。

1943 年，當局開徵酒稅。

1944 年，當局以防濫製為由，大幅增加酒稅，並規定釀造酒醋須先獲當局許可。

1945 年和平前後，土產米酒每斤售軍票 500 円。

其他物資

淪陷時期，除米糧等副食品外，一般日用品價格昂貴且不易購得，尤以後期為甚。當時外圍已被嚴密封鎖，物資無法運至。

1942 年初，市民埋怨輪購各類糧食及柴炭，以至燐寸（火

明日港九開配火柴

大盒火柴平均每盒八十六枝

▲ 1943 年 10 月，開配火柴的通告。

柴）等物資，已花掉整整 2 天，別的事情做不成，還要多吃 4 両白米。

8 月 8 日，肥皂短缺，價格大漲，不少人將蘆兜葉打至粉碎，浸在水中成膠狀，用來洗滌衣物。亦有人將皮製公事包、女性手袋等，連同舊車胎交給鞋匠製鞋穿着。

1943 年 3 月 7 日，因木材短缺，棺木店以每件 7 円半收購牀板，用以製作棺木。製成的棺木名為「四方寶」，價格為軍票 70 至 80 円，舊式的「圓頭」棺木則售 300 至 400 円。

1944 年 7 月 13 日，日軍當局開始舉辦「獻銅運動」，按戶派發「獻銅呈報書」。全港設 49 間「銅回收處」，讓市民用銅換取米、糖、油或柴其中一種物資。總督部表示，滙豐銀行門前兩頭各重一噸的銅獅，將拆去作其他用途。

8 月 12 日，滙豐銀行門前的兩頭銅獅已被拆去，同被拆走的還有皇后像廣場內的滙豐總司理昃臣爵士（Sir Thomas Jackson）、維多利亞女皇及皇子愛德華七世（Edward VII）、皇

孫喬治五世（George V）伉儷
的銅像。廣場內還有港督梅含
理（Sir Francis Henry May）人
像和一座歐戰紀念女神像。
此外，還有郵政總局旁的干諾
公 爵（Prince Arthur, Duke of
Connaught and Strathearn）銅
像，以及位於兵頭花園（香港
動植物公園）的「兵頭」——港
督堅尼地（Sir Arthur Edward
Kennedy）的銅像。

和平後的 1946 年，當局只
能從日本大阪櫻島兵工廠取回
滙豐銀行銅獅、維多利亞女皇
及昃臣爵士的銅像。

▲ 滙豐銀行銅獅之一，約 1941 年。

▲ 即將清拆滙豐銀行銅獅以「廢物利用」的新聞。

▲ 位於皇后像廣場的港督梅含理銅像，以及右方的英皇愛德華七世
（King Edward VII）銅像，約 1930 年。

◀ 兵頭花園內的港督堅尼地像，
約 1915 年。

第十七章

餐廳食肆

日據初期，食物供應未至過分緊張，不少中西食肆紛紛在港九各區復業及開業。全盛時期的港島石塘咀及深水埗娛樂區一帶，有多間新舊大小酒家和食肆。不過，稍後隨着日軍當局的苛例苛稅、娛樂區沒落，以及市民生活日趨困苦，酒家食肆亦紛紛結業。多間酒家於田中久一就任總督後，改作舞場或賭場經營。

以下為香港淪陷時期部分食肆及其標榜的特色：

中明治通（皇后大道中）

名稱	地點	特色／廣告內容
三龍酒家	近雲咸街	大小筵席及音樂茶廳
安樂園	36 號	茶餐、雪糕及蓮花杯
香港大酒店	與畢打街交界	復業，樓高六層、中西日菜、茶麵美點
娛樂餐室	娛樂戲院 2、3 樓	川粵菜、點心
中央飯店	中央戲院樓下	大良公主理、大雞三味

名稱	地點	特色／廣告內容
大華飯店	華人行 9 樓	大額港紙，十足使用
國泰飯店	娛樂戲院 7 樓	有菲島樂隊奏曲
川滬又一邨飯店	8 號 2 樓	由楊淑芳小姐主理
金城酒家	124 號	環境天然，四面通風
新巴里餐室	10 號京都酒店地下	聘請中西名媛唱曲
蓬萊閣大酒家	10 號京都酒店 6 樓	樂隊全日演奏時代曲
寰翠閣餐室	中華百貨公司樓上	全餐軍票 1 円 10 錢
麗都餐室	10 號京都酒店內	
東天紅餐室	華人行地下	馬來及福建食品
龍泉茶室	145 號	設有晚飯時菜
江蘇酒家	292 號	主廚古傑生，端莊女侍
碧江酒家	華人行	1943 年元旦開業
娛樂酒家	娛樂行	設鳳城名菜
香島餐室	16 號	原日「加拿大餐室」
明治鮮奶冰室	77 號	1944 年供應甜糕、煎堆
仁人酒家	152 號	兼營海味、臘味、禮餅
建國酒家	中華百貨樓上	
福祿壽飯店	娛樂行 2 樓	原娛樂餐室，京川滬菜

東昭和通（德輔道中）

名稱	地點	特色／廣告內容
京滬飯店	63 號	馳名俄國菜
銀龍酒家	320 號	
思豪莊食堂	雪廠街交界思豪酒店	午晚飯及點心
皇后酒家	317 號皇后酒店	光顧 5 元送大馬票

名稱	地點	特色／廣告內容
白雲酒家	松原酒店	中菜館，有白雲大包
東亞中華料理	12 號皇室行	原牛奶公司餐室
大上海飯店	大華舞廳原址	設有冷氣
新紀元酒家	246 號	曾因霍亂停業 7 天
龍記酒家	砵典乍街交界	大良名菜、茶麵美點
富士食堂	松坂屋地庫	原威士文（聰明人）餐室
大同酒家	234 號	加設午餐小全桌
陶然餐室	182 號	粥粉麵飯
金華海鮮酒家	61 號	供應龍皇貴妃雞
華人酒家	317 號	原皇后酒家，新設歌壇
日華餐室	117 號	聖誕大餐 1 円半
山珍大飯店	111 號	原均棧酒家，蜜月雞
麗都大飯店	先施公司對面	供應中西及日菜
馬來亞海鮮酒家	41 號	原馬來亞餐室
東園餐室	55 號	
蘭香室	60 號	設淮杞圓肉清燉兔肉

中區橫街

名稱	地點	特色／廣告內容
陸羽茶室	永吉街 6 號	名茶軍票 5 錢，恢復夜市
永福記酒家	永吉街 5 號	設鳳城名菜
榮華飯店	永吉街 32 號	由大良龍福記主理
麗山餐室	威靈頓街	
襟江茶室（酒家）	威靈頓街 117 號	
萬國茶室	威靈頓街 112 號	
大景象酒家	威靈頓街 32 號	

名稱	地點	特色／廣告內容
中央大酒家	威靈頓街 32 號	
野竹飯店	德忌笠街 11 號	原艾菲餐室
五芳齋茶室	擺花街	
均益海鮮酒家	鴨巴甸街 2 號	
大眾食堂的多座大牌檔	「為食街」（士丹利街）	1 毫一杯咖啡，5 仙一件糕餅，有各式食品 每天有四、五千人光顧
鏞記酒家	上環廣源西街（稍後依次遷往永樂街及軒尼詩道）	

▲ 中環「食街」閣麟街，約 1939 年。可見一間如意莊酒莊，其旁邊的一段士丹利街被名為「為食街」。淪陷時期，這一帶為平民的覓食地帶。

陸羽茶室時菜便飯

海鮮時菜便飯小食價廉物美己己馳名
現更研製合時菜式多種陸續供應選擇
自來物料巧代烹調預定菜式尤保滿意

早午夜市名茶五錢著名美點日夜常備

中環永吉街

舖面電話叄瓦零叄壹

大良永福記海鮮酒家

鳳城廚師　傑作新奇

晚飯消夜　葉式應時

地址永吉街　電話叄三零五四

富士食堂
啓業廣告

▲ 由威士文餐室改為「富士食堂」的啓業廣告。

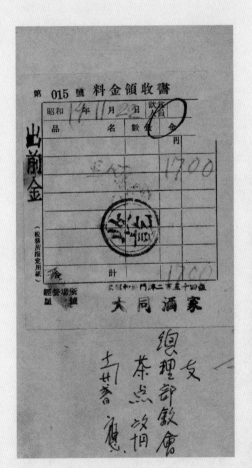

◀ 1944 年 11 月，在德輔道中大同酒家茶點聚會的繳稅單據。此單據由稅務所發出。

▼ 1942 年 1 月的中環威靈頓街。左為位於吉士笠街交界的萬國飯店。（摘自《寫真週報》第二百零一號，1941 年 12 月）

199

▲ 中環砵典乍街，約 1950 年。可見於 1945 年 10
月由銅鑼灣遷至位於 30 號 A 的鏞記酒家。

▼ 位於皇后大道中 152 號的仁人酒樓，約 1980 年。於淪陷後
期該酒家曾為舞場及娛樂場。（圖片由何其銳先生提供）

塘西（石塘咀）

名稱	地點	特色／廣告內容
陶園酒家	西昭和通與屈地街交界	1943 年中復業，歌壇由張月兒領導。有川菜部
金陵酒家	西明治通與山道交界	有軍票 10 至 20 円的廉價酒席供應
珍昌（聯記）酒家	西明治通 486 號	塘西風月殘留酒家，連同以上 2 間酒家及廣州酒家共 4 間。珍昌於 1944 年 8 月結業

灣仔

名稱	地點	特色／廣告內容
東山大茶室	八幡通（莊士敦道）	有雲英雞、大肉蟹
金門酒家	軒尼詩道	四眼陳主理
悅興酒家	八幡通 195 號	酒席、增設早午茶
席珍酒家	譚臣道 84 號	
新亞怪魚酒家	菲林明道 14 號	絕頂怪物，不可不試
楚雲酒家	菲林明道 14 號	機製潮州魚蛋
有仔記酒家	茂羅街 91 號	復業
四眼陳酒家	八幡通 280 號、閣麟街 30 號、上海街 285 號	
豐國海水浴場	豐國通（英皇道）近渣華道	原麗池泳池，設有喫茶部、食堂部
東京酒店	東住吉通（告士打道）原「六國飯店」	

　　直到 1942 年 7 月，在九龍香取通（彌敦道）共有 130 間大小食肆。規模較大的有東亞中華料理（半島酒店）、新新酒店及彌敦酒店等。因糧食短缺，當局飭令全部停業，只餘下位於 622 號的永生園、626 號的五洲牛奶公司、633 號的加拿大餐室，和 679 號的新加坡冰室暫准營業。

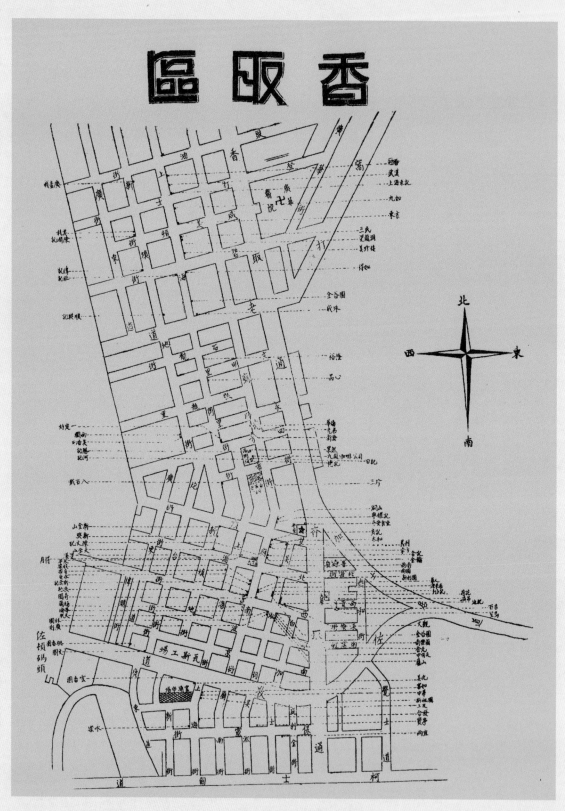

▲ 香取區（油蔴地）食肆位置的地圖，1943年。可見得如、金谷園、品心、
八百載、新金山、大觀、一定好、大金山、美化、富如等茶樓酒家的名稱。
（圖片由許日彤先生提供）

部分結業的食肆改營罐頭生意，亦有遷入內街營業。新新酒店則封閉前門，改用吳淞街後門出入。不過，亦有若干間食肆於當時開業，如位於廟南街、供應玉龍如意雞的南園酒家，和位於上海街的太平酒家等。

最多新食肆於深水埗娛樂區內開設，如位於南昌街 125 號的樂天地酒家、由九龍城侯王廟遷至南昌街的寶漢酒家、荔枝角的三民酒家和大華酒家。後來，不少食肆隨着娛樂區沒落相繼結業。

1942 年 11 月 19 日，在日軍當局指示下，「飲食業組合」（公會）的籌備會議在蓮香茶樓舉行。

1943 年 2 月 20 日，總督部成立一週年，特於下午 6 時，在畢打街香港大酒店天台花園舉行免費交響樂演奏，並供應「中國晚飯菜」，每位軍票 2 円半，以及「特別餐室西洋料理」，每位軍票 5 円。

10 月 13 日，在政府節電政策下，全港的茶樓、茶室，只開早午茶市，停止夜市。此時，茶樓多以糕點應市，糯米雞則改用粘米製作。而且時屆深秋，天氣轉涼，不需開電風扇，夜市及歌壇恢復營業。

12 月，各餐室為應付困境，除西餐外也兼營茶市，供應糕點。客人要吃白飯則「以斤論值」。

1944 年 3 月，當局開徵營業稅及飲料稅，瞞稅者除罰款外，並處「肉刑」。食客須索取收據，否則屬違法。一個月後，當局再開徵遊興稅及酒類稅。

1944 年中，茶樓只有餅餌、糕品、油器供應，偶然有魚肉或牛肉。鹹點及炒粉麵飯若要加肉類便十分昂貴。至於牛奶、雞蛋、雞肉、鴨肉、火腿、鮮蝦、冬菇、豬肉等已停止供應。

同時，因要節省電力，升降機停用，設於各大廈及酒店 5、6 樓的茶樓和食肆生意轉差。普通食肆則盡量利用白晝時段營業。

　　8 月 1 日，當局開始徵收 30% 飲食稅，軍票 2 円以下的消費則免。食客叫點心時必先問價錢，以避免超過 2 円而要納稅。為免麻煩，茶樓多在點心盤上標明價錢。為防止食客於消費接近 2 円時先行結帳，然後再點食品，稅局下令食客結帳後，要先離店再進入，才可於第二次點食品時免稅。

　　市民不甘被苛徵種種雜稅，多在家中舉行聚餐或宴會，或光顧街檔。飲食業商人若被發現瞞稅，會被拘禁及重罰。除罰巨款外，更會被施以嚴刑和毒打。在此嚴格制度下，酒樓食肆紛紛結業。不少茶樓酒家改作賭場或舞場，直至日軍投降為止。

第十八章
能源與水務

電力

由 1941 年攻防戰末段的 12 月中後期至淪陷初期,香港一直停電。到了 1942 年 1 月中才恢復供電。當時是由「民治部產業課電氣事務所」管理。

8 月,改由「香港占領地總督部管理香港電氣廠」管理,從台灣運煤到香港發電。

1943 年 5 月 10 日,規定每戶每月限用電 7 度,每度收費軍票 26 錢,超過則每度收 1 円;「粗電」則限用 8 度半。商戶用電量限於原來用量的 70%。

5 月 21 日,升降機只限用於 4 樓以上的樓層,夜間全面禁用。各大建築物要停用部分升降機,並禁止使用冷氣機。

8 月,當局大力宣傳節電,並在報章刊登圖像指示節電方法。民治部指明,廳房用 5 支燭光的燈泡便足夠,並飭令有大

燭光燈泡的市民向當局指定場所換取 5 支燭光的燈泡。亦規定
酒店及客棧於天花僅掛吊一個燈泡，為 2 個房間照明。

9 月，商戶用電量再縮減至當時用量的 65%。

9 月 1 日，當局禁止商戶使用光管招牌和裝飾燈，以及打
雪糕及雪條的電機。茶樓食肆為了節電，多不開夜市，或改用火
水（煤油）燈，及用火水泵氣的大光燈。

9 月 22 日，大廈若有多部升降機，只准開一部，並限於上
下班時段使用。部分酒家只提供「載上不載落」的升降機服務。

12 月 31 日，部分理髮店停止提供耗電的吹波、電髮及恤
髮服務，連電風筒亦停用。理髮店一般營業時間為上午 9 時至
下午 3 時。提供電髮等服務的高級理髮店則每日營業 4 小時。

▲ 亞皆老街的中華電力總部，1951 年。淪陷時
期，這裏是往九龍城之巴士的總站。

1942 年 2 月，淪陷初期，「軍政廳電氣班」之電費「按櫃」（按金）收據。

1942 年 6 月，「民治部產業課電氣事務所」的電費單。

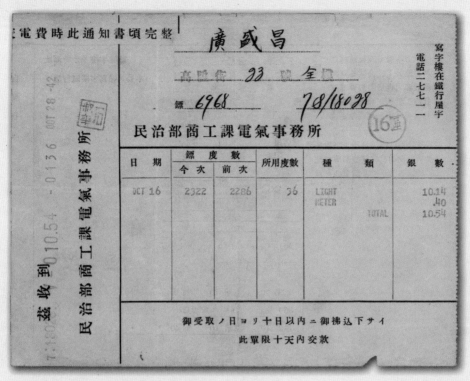

▲ 1942 年 10 月，「民治部商工課電氣事務所」的電費單。

▲ 1943 年 2 月，「香港占領地總督部管理香港電氣廠」的電費單。

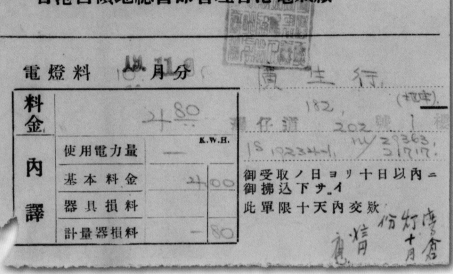

1944 年 4 月 15 日，電氣廠公佈以下規定：

（1）家居內若有煤氣，則不供給電力；

（2）4 樓以下不准用升降機；

（3）禁止使用下列電器：雪條雪糕製造機、冷房（冷氣）、
電扇、屋外電燈、廣告燈、霓虹燈及電爐；

（4）用電逾量者，除罰款外，並禁止以後用電；

（5）所有商戶及戲院、旅館，用電量為以往的一半；食肆最
高可用 200 度；

（6）不接受新電氣用戶。

4 月 19 日，食肆備有葵扇以代風扇，大廈及酒家的升降機
全部停用。

少部分美容院照常提供電髮服務，部分採用「無電電髮
機」，聲稱「保證包曲一年」。理髮店改用火水燈照明，但因燃料
價格昂貴，不少理髮店只於日間營業。

5月18日，電影院每日只放映晚上7時半一場。星期日及假期則只放映下午2時一場。粵劇場則改點火水燈（煤油燈）或汽燈。

中區有酒樓及理髮店於天花板懸布，派人不停將其扯動生風，重現二、三十年前已消失的人力「扯風扇」。

6月1日，當局進一步限制開燈時間由晚上8時至12時，違者除罰款外，並沒收其電燈設備。

6月10日，嚴禁使用電抽水泵及升降機。不過，政府辦公機構、兵舍（軍營）、官方造船所、工廠、礦業所等則不須節省電力。若干銀行、商店、學校、報社，亦獲許可例外點燈。

6月15日，製冰業停頓，雪糕、雪條停止供應，亦停止使用輾穀及磨粉機器。

7月19日，用電時間縮短為晚上8時至11時共3小時。

8月19日，電氣場（發電廠）曾嘗試使用穀殼及柴等代替煤發電，但不成功。

8月20日，由於日方已無船隻運煤來港，供電停止。財務部長石井表示，停電是因「天時關係、交通阻滯及多方面因素導致」，並呼籲市民「利用此黑暗中之夜生活，以養成戰時下的刻苦習慣。」

停電後，商店於日落後停止營業，電影院停映，粵劇戲院和歌壇則在火水燈照明下照常營業。同時，醫院的電療服務亦須停止。

松原酒店（告羅士打酒店）的「大鐘樓」及各大廈的電鐘全部停頓，收音機亦停止廣播。因欠缺標準時間，為交通及銀行

運作帶來不便。後來，當局在「大鐘樓」所在的畢打街懸掛一時鐘，以供市民對時，並設播音筒報時及廣播時事。

9 月 24 日，恢復供電。但由於缺煤，8 天後再度停電。此時，只有自設發電機的娛樂戲院仍可繼續放映電影。

10 月 16 日，再次恢復供電，但只維持了 10 天。

10 月 26 日，再度停電，持續了半年。期間，當局再試用穀殼發電，仍不成功。

1945 年 3 月 16 日，用柴薪發電試驗成功。

4 月 15 日及 24 日，港九恢復由晚上 8 時至 12 時供電，一直維持至和平後的 8 月底。

9 月初，駐港英艦供給電力，但不久便停止，港九兩間發電廠的發電機及鍋爐由於曾用柴薪發電，需大加清理及維修，才能恢復用煤發電。

10 月 4 日，電力廠修理成功，恢復供電。

煤氣

日軍當局接收香港中華煤氣的廠房後，組成「香港瓦斯（Gas）廠」，因燃油短缺而須限制供應，只能達原來用量的 80%。由午夜 12 時至早上 6 時停止供應。

1943 年 5 月 12 日，每 100 立方英尺瓦斯（煤氣）用量收費為軍票 66 錢，超過限額用量者須付 3 倍費用。

6 月 27 日，不再接受新用戶，用瓦斯逾量者，停止供給；若逾額過巨，再加罰款。

1944 年 3 月 30 日，每 100 立方英尺瓦斯收費升至 1 円半，晚上 10 時起停止供應。當時，不少地下煤氣管遭破壞失修，煤氣街燈亦遭拆毀。

8 月 20 日，停止煤氣供應。石塘咀瓦斯廠暫停運作後，工人利用燃餘的「煤屎」，大量製造煤球在市面上批售。

煤氣停止供應一直維持了約一年半。直到和平後，煤氣廠及供氣喉管經修理後，於 1946 年 1 月起恢復供應煤氣。

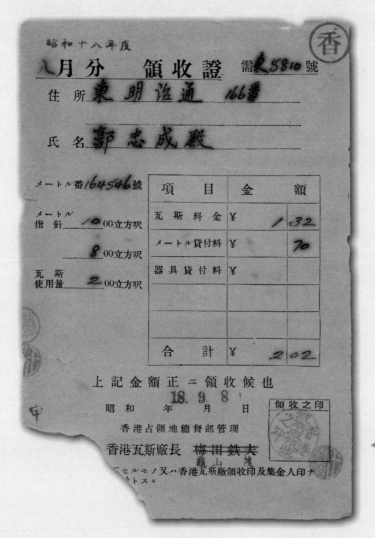

◀「香港占領地總督部管理香港瓦斯廠」（煤氣廠）的繳款單，1943 年。用戶為位於灣仔皇后大道東 166 號的郭忠成金舖。

柴炭

一如糧食，市民亦要憑米票輪購木柴、炭及火柴等，往往輪候一整夜卻空手而回。當時的公柴配售，以每 7 天為一期，每期限購港幣 1 元，重量為 12 斤半。柴店會在米票上蓋印，以防再買，往往大排長龍。有柴店用「撒籌」方式出售，搶籌者互相踐踏，老弱及婦孺遭殃。

有餘資者則可用高價買「私柴」，是從家屋拆下的木料和砍碎了的傢具，亦有不法之徒盜拆如皇仁書院等建築物的木材。不少私柴小販以及在山區伐樹枝，及拾取山草、乾樹葉作柴薪出售者均被憲警拘禁。同時，亦有人因盜取石塘咀廣州酒家之銀都舞廳舞池的臘板和木材被捕。

當時，稱為「燐寸」的火柴亦須配給，每人每數天限配一盒68 枝，品牌有九龍嘜及長城嘜等。

1943 年底，當局招募勞工前往大嶼山及各離島，開採林木及搜集枯木作柴薪，又在荃灣採辦竹枝和木柴。

1944 年，有「豆炭」(或稱「炭基」)在市面出售，是採用發電廠及煤氣廠的「煤屎」加泥土而製成，每斤售軍票 30 錢。發電廠及煤氣廠停止供應後，「豆炭」亦絕跡。

6 月，公價柴由 2 年多前每擔軍票 3 円升至 25 円，但仍供不應求，長期停止配給。

8 月，柴的配給價升 2 倍至 50 円，木炭每擔則為 200 円。不少業主把危樓拆卸，出售木料作柴薪。

1944 年 10 月 22 日，公柴正式停止配給。當局鼓勵市民利用垃圾作燃料，一方面可減少垃圾，同時亦可紓緩把垃圾運往塘灣(觀塘未填海前的「垃圾灣」)的船隻所耗之煤斤。

1945 年 2 月，火柴停止配售。

8 月 2 日，因缺乏可作燃料的舊傢具，新界農民又無暇伐柴，柴價飛漲。市面上的柴薪，當時主要來自香港仔一帶。

水務

1941 年 12 月中，受到戰火破壞，食水停供，一直維持至 1942 年中，居民惟有往街喉輪水，當時有歹徒把守街喉，勒索款項。

稍後才恢復供水。當時，食水由「水道班」管理，稍後改名為「總督部水道事務所」。1943 年 8 月，轉交予民營的「台灣拓殖株式會社」承辦，後來機構再改名為「香港總督部管理水道廠」。

所為「水道」，即水管，分有「上水道」及「下水道」。上水道指連接由水塘至市區的水管；下水道則是宣洩山洪，排放污水到大海的水管，當時由「總督部道路下水事務所」管理。

1944 年 11 月 20 日，因停電關係，港島實施制水及局部地區供水制度。半山區及山頂停供用水，東區每 3 日供水 1 日，中西區每 2 至 3 日供水 1 日。薄扶林、赤柱及壽山村停止供水。

半山區及山頂的住戶，需僱人往較低地區的街喉挑水，用白米作酬。住戶若想駁喉取山水，須向水道廠申請並自供材料。中西區市民亦要往街喉輪水，不守秩序者會被日軍毆打和斬殺。不少住戶用馬桶代替水廁。

1945 年 4 月 1 日，2 至 3 日供水 1 日的地區，改為 5 日供水 1 次，每次由上午 7 時至晚上 8 時，共 13 小時。

5 月 3 日，成功用柴薪發電，改為隔日供水 1 次。

6 月，改為每日供水 13 小時。當局曾一度計劃，半山及山
頂地區每星期供水 6 小時，但因每戶相隔甚遠，需耗費頗多電
力，故無法實施。

直到和平後，電力恢復供應及水管修理後，才能恢復供水。

▲ 1942 年，由「民政部水道班」改
為「水道事務所」的水費單。

▲ 1942 年底，「香港占領地總督部
水道事務所」的水費單。

第十九章
交通工具

汽車與的士

　　1941 年 12 月 3 日，港府規定私家車司機須領有由陸上運輸統制專員發出的執照，才可在公路上行駛。但僅有因公務、職業或商業需要才獲批准。巴士及的士司機不在此限。

　　12 月 11 日，港府發出通告徵用貨車，車主須把車駛往各大球場報到。

　　淪陷後，所有車輛集中置放於南華會、海軍球場（現中央圖書館所在）、跑馬地香港會球場，然後被運往日本。消防車及救護車亦不能倖免。

　　當局解釋，因軍事需要，民用車船「自然所餘不多了」。當時，市民若租用餘下少部分貨車，須用電話召喚，每小時為軍票 25 円。

1944 年 6 月 8 日，私家車須經當局批准才可使用。凡未經批准者，將由參謀部轄下經理部，以象徵式備價收購，然後運往日本。持有人限於 7 月 30 日向經理部申告，然後向「總督部兵器掛長」辦理呈報手續。不依期申告者，汽車會遭沒收。

日據時期末，有用木炭作燃料的貨車，開車前要用扇子大力撥，以把炭爐點燃。

淪陷初期，尚未被運往日本的汽車當中，有 40 部為的士。至 1942 年 8 月 31 日，當局修理好這 40 部的士，於 10 月 1 日恢復使用，港九各有 20 部，全為小型「摩利士」，由「香港自動車運送公司」經營，需電召使用。一區至二區車費為軍票 5 円，一區至三區為 7 円，一區至四區為 10 円，同一區內為 3 円，市外以 2 小時為限，每小時收 25 円。

1944 年，每區的士之收費為 4 円，稍後加價。因燃油短缺，以及車輛被強購或強徵，的士逐漸消失。

當時，所有汽車司機均須每年換領「自動車鑑札」（牌照）。領取地點為位於春日區（鵝頸區）勿地臣街 5 號的「香港自動車修理工場」，及位於九龍香取通（彌敦道）749 號的「九龍自動車修理工場」。鋁製車牌須在當局指定場所製造，並夾附於車身。司機亦須通過筆試及日語測試，試場設於麥當奴道聖保羅女子中學。

巴士

香港淪陷後的 1942 年 1 月中，港九巴士恢復行駛。港島巴士由「香港乘合自動車株式會社」辦理，有以下 2 條路線：
1 號線：大坑至山王台（堅尼地城）；
2 號線：統一碼頭至大學堂。

九龍巴士則由「九龍乘合自動車株式會社」辦理，有以下 3 條路線：

1 號線：尖沙咀碼頭經鹿島通（太子道）至九龍城（全程收軍票 10 錢）；

5 號線：旺角至上水；

6 號線：深圳經粉嶺至沙頭角。

5 月 13 日，九龍巴士十分擠擁，憲兵部下令「九龍乘合自動車株式會社」不准讓乘客攀立車邊，或從窗口攀入越出。憲警在路口檢查巴士，若發現太擠擁會指令部分乘客下車。

7 月 1 日，英軍於戰時設於天星碼頭廣場的障礙物已被拆除。由當日起，巴士總站由東亞（半島）酒店門口遷回碼頭廣場原處。

10 月 1 日，「香港乘合自動車株式會社」與「九龍乘合自動車株式會社」合併，成為「香港自動車運送會社」。新會社由中華汽車有限公司、九龍汽車有限公司、金邊的士公司、明星的士公司、聯合公司及義發公司等聯合辦理，屬華人資本經營，其中一位股東為鄧肇堅，「只有幾位日籍顧問負責指導」。會社的總事務所設於畢打街於仁行 3 樓。會社所經營巴士路線如下：

香港島

路線	出發地及目的地	編制	車費（軍票）
1 號	天星碼頭至元香港（香港仔）	7 輛	30 錢
2 號	天星碼頭至大學堂	4 輛	10 錢
3 號	天星碼頭至赤柱	1 輛	40 錢

原來由大坑至山王台的 1 號線，因有電車行走，故路線取消。

九龍

路線	出發地及目的地	編制	車費（軍票）
1 號	尖沙咀碼頭（經鹿島通）至九龍城	10 輛	10 錢

路線	出發地及目的地	編制	車費（軍票）
2 號	尖沙咀碼頭至欽州街	4 輛	10 錢
3 號	尖沙咀碼頭至青山道	5 輛	10 錢
4 號	尖沙咀碼頭（經紅磡）至九龍城	4 輛	10 錢
5 號	旺角至上水	6 輛	1 円
6 號	深圳經粉嶺至沙頭角	2 輛	40 錢

◀ 1942 年的油麻地
香取通（彌敦道），
可見 3 部巴士。右
方為南京街。

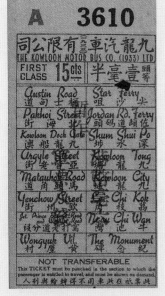

◀ 1942 年的九巴車
票由港幣毫半改作
「港幣毫六，軍票
八錢」。（圖片由
吳貴龍先生提供）

▶ 1945 年的加蓋改值
巴士車票。由旺角
至荃灣的車費為軍
票 120 円。（圖片
由吳貴龍先生提供）

▲「香港自動車運送會社」的巴士
車票,1944年8月。由銅鑼
灣至必(畢)打街的車費為軍
票2円半。(圖片由吳貴龍先
生提供)

▲ 1944年6月,民有汽車禁止移動,由當局備價
「收買」的通告。

1943年4月5日清明節,市民多往薄扶林、雞籠灣、元香
港(香港仔)一帶掃墓,巴士十分擁擠。「香港自動車運送會社」
派出9輛巴士,規定乘客先買票後上車。

6月,當局開始縮減港九及新界巴士班次。

7月15日,交通部長高松宣佈,為節省燃料,由8月起將
減少九龍巴士車輛,縮短路線並撤銷多個「閒站」。實施後,市民
須候車多時。又因九龍城居民多已他遷,當局決定把九龍城巴士
線的終站,先後依次改為九龍醫院,及位於亞皆老街的中華電力
公司。

8月12日,為節省燃料,港島1號線巴士總站,由天星碼
頭改為西營盤西邊街。

8 月 17 日，縮短後的九龍巴士新路線如下：

1 號：尖沙咀碼頭至窩打老道；

2 號：尖沙咀碼頭至界限街；

4 號：尖沙咀碼頭至土瓜灣；

5 號：旺角至荃灣；

6 號：旺角至上水。

5 號和 6 號線不設固定車站，有客上、下車才停車。此外，取消由尖沙咀至深水埗青山道的 3 號路線。

九巴在車上分開出口和入口，加裝鐵閘，在行駛時關閉，以防有人中途跳車逃票。

8 月 20 日，為免擁擠，港島巴士規定在終站上車的乘客必須先購票，每次只售 40 張車票；中途上車者則可在車上購票。當時，大部分巴士連同零件已被運往日本。

8 月 25 日，部分巴士路線早晚只行駛 5 小時，午間不開車。

9 月 5 日，港九巴士全部停駛。

9 月 21 日，元香港（香港仔）、赤柱、荃灣的 3 條巴士線恢復服務。

10 月 26 日，增開由九龍經荃灣至元朗的巴士線，主要運載新界農產品。

11 月 15 日，九巴恢復已停駛的窩打老道市區線，經香取通（彌敦道）至尖沙咀碼頭，車費為 50 錢。同時，亦恢復由元朗經上水至粉嶺火車站的新界線，全程收費 2 円。燃料由巴士公司自行搜購。

1944 年 2 月 15 日，九龍經荃灣至元朗的巴士線改為由旺

角開出，經荃灣、青山（屯門）、元朗至粉嶺，每站車費 2 円半，全程 10 円。3 個月後車費倍增。

2 月 25 日，港島巴士只有 2 條路線，分別為西邊街口至元香港（香港仔），以及八幡通（菲林明道交界）至赤柱，只限持有「出勤證」的公務員乘搭。九龍則只有尖沙咀至窩打老道一條路線。

4 月 1 日，只餘下一至兩輛巴士，於繁忙時間行走尖沙咀至窩打老道的路線，每 30 至 40 分鐘一班，車費為 50 錢。

4 月 4 日，當局擬仿效廣州，改用木炭作汽車及巴士燃料以節省燃油，但車輛需改裝而且容易損壞。

5 月 8 日，尖沙咀至窩打老道路線的車費升至 1 円；旺角至粉嶺線全程收費升至 20 円。

11 月，尖沙咀至窩打老道線終點延長至九龍城。

港島方面，巴士 1944 年 8 月 18 日起恢復載客。東線由銅鑼灣區役所至畢打街，車費 2 円半；西線由畢打街至西邊街，車費 1 円半。由西邊街至元香港（香港仔）線照常行駛，但只限公務員乘搭。

1945 年 5 月 6 日起，九龍至新界巴士隔日一班，以利商旅。

5 月 15 日，港島西行線巴士改由大坑駛至皇后大道中與威靈頓街之間的何東行。6 月 2 日再改為由天后廟道口，經法國醫院、保良局、春日（鵝頸）區役所前（蘭亭）、競馬場、養和醫院、灣仔峽道口石筆（摩理臣山道）、天樂里、八幡通、軍器廠街、花園道至畢打街。

7 月 23 日，港九巴士的票價：市區線由 10 円升至 15 円，旺角至荃灣 120 円，荃灣至元朗 240 円。

電車

日據時期，香港最多有 50 多輛電車，後來逐漸縮減，加上因電力供應不足，不時停駛。後期改由「香港電氣廠」接管經營。當時亦有專供載貨的「荷物車」。

1942 年 1 月底，電車恢復局部通車。至 3 月全面恢復，由「電車事務所」經營。

5 月 25 日，載貨電車開始行駛，路線由筲箕灣至山王台（堅尼地城），車前懸有「特」字記號。貨物須綁上軍票 20 錢的貨票，以及有由貨主保管的「貨物引換券」。

6 月 10 日，所有電車站改名為「電車停留場」。

7 月 22 日，每日有 35,000 名電車乘客。每個「電車停留場」均有紅底白字的中文及日文站名。單程車費為：一等軍票 15 錢，二等軍票 10 錢。

◀ 從電話公司所在的「交易行」望向德輔道中上的一輛電車，約 1939 年。可見正中的郵政總局及右方的亞力山打行。

▲ 2 部位於東昭和通（德輔道中）的電車，1942
年。這一帶為政經中心，左方的渣甸行當時為
「中區區役所」。

◀ 1942 年 5 月 25 日，載貨電
車開始行走的新聞。

◀「總督部電車事務所」的「一等」及「三等」車票,約1942年。(圖片由吳貴龍先生提供)

◀ 3張由原香港電車公司車票加蓋終站地名的車票,約1942年。地點包括電氣廠前(大強街)、八幡通五丁目(修頓球場)及銅鑼灣。(圖片由吳貴龍先生提供)

1943 年 5 月 11 日，為節省燃料，銅鑼灣至山王台的電車路線，改為只到上環街市為止。

6 月 12 日，行駛的電車由 50 多輛減至 40 輛。

7 月 5 日，當局停售電車季票，理由是「取締整日以車代步的懶人」。

1944 年 1 月 14 日，交通部長堤正威表示，將嚴厲取締攀附電車車尾、車旁以及車門旁的乘客。但因車少人多，也無法禁止。

4 月 1 日，電車只餘下由精糖廠（太古糖廠）至上環街市，以及由銅鑼灣至屈地街 2 條路線。包括進入跑馬地的環迴路線、屈地街至山王台，以及精糖廠至筲箕灣等路段全被取消。繁忙時間只有 37 輛電車行駛，「荷物車」停止。

4 月 15 日，電車由上午 9 時 40 分至下午 4 時的時段完全停駛，車站數目減至 8 個。

4 月 19 日，為方便日本國民學校的學生放學，每日下午 1 時增開一班由花園道駛至天后廟道的「學校專用車」。

4 月 20 日，由早上 6 時半至 7 時，有 10 輛「工具專用車」電車，由屈地街及上環街市開出，專門接載員工往「香港造船所」（太古船塢）上班。

5 月 8 日，為「適應戰時物資節約體制」，西行電車服務至晚上 10 時，東行則至 10 時半，最後一班車懸有「終車」字樣。在終站需即時購票才能上車。

1944 年 6 月 4 日，因燃料短缺，電車再次停駛。當局表示，為使電力能在別項作「重點之運用」，今後市民須習慣步行，體驗「健民運動之真旨趣」。

　　1945 年 5 月 5 日，電車停駛已 11 個月。因成功使用柴薪發電，電車即日恢復行駛，時間為每日上午 10 時至晚上 11 時，路線由銅鑼灣至上環街市。車費為頭等 20 円，三等 10 円。至 5 月 15 日，路線終點由上環街市延至屈地街，乘客需於車站購票。

　　當時，香港原有電車 112 輛，由於損毀及缺修，只餘 15 輛可以行駛。

　　5 月 19 日，電車分兩區收費，第一區由銅鑼灣至中央市場（中環街市），第二區由天星碼頭至屈地街。每區收費：頭等 10 円，三等 5 円。銅鑼灣至屈地街全程頭等 20 円，三等 10 円，不設分段。

　　7 月 7 日，電車由「香港占領地總督部香港電氣廠」轄下的「電車事務所」接管經營。即日起，部分電車只由銅鑼灣駛至中央市場。乘客需預先購買「回數券」，然後往車站售票處換取車票。一等回數券每冊 12 張，售價 100 円；三等回數券每冊 21 張，亦售 100 円。

　　7 月 15 日，「電車事務所」增設「運輸課」辦理運貨電車，但僅限預約包車。

　　7 月 21 日，電氣廠停止供電，電車停駛 2 天。

　　1945 年 7 月 30 日，電車每 15 分鐘一班，一直維持至日軍投降後的過渡期。

纜車

　　登山電車（纜車）服務的恢復較電車為遲。1942 年 6 月 5 日試車後，6 月 25 日正式通車。當時共有 6 個站，包括：花園道、東大正通（堅尼地道）、蘭道（麥當奴道）、霧島通（寶雲道）、梅道、香ヶ峰（太平山頂）。全程車費為軍票 25 錢。

　　1943 年 9 月 10 日，巴士停駛後，登山電車每日開出 20 次，假日則開 32 次。

　　1944 年 4 月 22 日，登山電車開始縮減班次。

　　6 月 4 日，登山電車只限公務員或須下山工作的居民乘搭。

　　8 月 20 日，因電力停止供應，登山電車亦停駛。位於花園道總站前的大鐘也停頓。

　　登山電車停駛一年多後，到和平後的 1945 年 12 月 25 日才恢復服務。

（香港憲兵隊檢閱濟）　　港山電車

▲ 日本人印製明信片，主題為位於中半山的登山電車（纜車），1942 年。

▲ 1942 年，在梅道站候乘纜車的中日婦女。（圖
片由每日新聞社（日本）提供）

九廣鐵路

九廣火車於 1942 年 2 月局部恢復行駛，要 2 個月後才恢復到深圳的服務。

6 月 1 日，火車班次由每日 3 班增至 4 班。由尖沙咀開出，經油蔴地、沙田、大埔、大埔墟、粉嶺、上水至深圳墟。

7 月 1 日，每日有達 1,000 名乘客由九龍往新界。

8 月 1 日，油蔴地及粉嶺 2 個車站，取消每班車只准上客 20 人的限制。同時，火車不停上水站。

此時，有不少人攜帶日用品，如香煙火柴等，往新界換取農產品，用「走水貨」的方式圖利。憲兵部實行管制，不准攜帶過多貨物的乘客上車，並將貨物沒收。

1943 年 12 月 28 日，因「沿線肅清大戰已達目的」(指日軍與東江縱隊的周旋)，在樟木頭舉行「深廣直通車」通車典禮。

1944 年 1 月 8 日，深廣直通車正式通車，但只供軍用。

1 月 16 日，因修路關係，火車服務只限由沙田到深圳。不少人需由九龍步行往沙田乘火車，而火車亦由每日 4 班縮減為 2 班。

4 月 29 日，尖沙咀至深圳的火車服務恢復，但每日仍只開 2 班，車費大幅增加 6 倍。

6 月 10 日，由尖沙咀開往深圳、再由深圳轉車往樟木頭的火車路線正式通車，每日開 2 班。

11 月，火車因缺煤改為隔日一班，只限「有公事需要而有

主管機關證明者」，或「持有乘車券者」才可乘搭，票價繼續上
升。

1945 年 5 月，尖沙咀至粉嶺的三等火車票價，由軍票 1 円
40 錢升至 114 円。

「人力」車輛

因為燃料短缺，巴士、電車等交通工具供應不足，甚至停
駛，用人力操控的原始車輛成為日據時期的主要交通工具。最
普遍是稱為「手車」或「東洋車」的人力車。初期港島有 535 輛，
九龍有 350 輛，車伕共千多人，當中包括小童。

人力車由「香港占領地總督部交通部陸運課」管制，車伕須
穿制服，亦要將車號號章扣於衣袖及衣背上。在晚上實施燈火
管制、街道漆黑不便步行時，人力車生意較好。用人力車「接新
娘」，於當時亦為常見景象。

另一種主要的人力交通工具為「駕籠」(轎子),亦為登山工具。淪陷初期有 55 頂,後來逐漸增加。「駕籠組合」(公會) 設於蘭桂坊旁的懷德里。其他人力車輛還有「自轉車」(單車) 及三輛車。

1943 年 4 月,「總督部交通部」規定,所有人力車、人力貨車、單車、三輪車及轎子等「乘用車」,需領取及按年更換「鑑扎」(牌照) 和「使用許可證」。辦理地點為「香港道路下水事務所」(位於下亞厘畢道) 及「九龍道路下水事務所」(位於大角區弼街),還有元朗與大埔區役所和粉嶺青物 (瓜菜) 市場。

由 1942 年起,汽車被當局強行徵用,運貨車輛以「荷車」(木頭車) 為主。規模較大的組織擁有過百輛三輪及四輪木頭車。最大型的運貨車,需 9 人合力拉推。

為了節省電油,九龍清淨團改用木製拉車作為垃圾車,共有 32 輛。原本用作運輸垃圾的汽車,則改用作在街頭撿拾死屍。香九糞務公司亦採用木頭車搬運糞溺。

1943 年 12 月,有商人組成九龍客車公司,採用百多輛設有兩座位的三輪車在九龍載客,收費由 20 錢至 60 錢。如由尖沙咀經香取通 (彌敦道) 至鹿島通 (太子道),收軍票 50 錢。

1944 年 4 月,電車數量逐漸減少甚至停駛,單車載客情況漸多。「坐單車尾」由統一碼頭至馬場,索價 4 至 5 円。當局規定單車須組織及加入組合 (公會),否則會被憲兵隊取締。

1945 年,當局規定所有人力的「乘用車」,須呈報每月的營業額,並繳納稅項。5 月,乘用車 (亦包括馬車) 改由警察局管理,以及發給車牌和司機證書。

和平後的 1945 年 10 月 20 日,巴士及電車恢復行駛,半數的單車及三輛車被淘汰。

▲ 在半山區堅尼地道 3 頂轎子上的中日婦女，
1942 年。（摘自《大東亞戰爭畫報》第六年
三十號，1942 年 12 月 8 日）

▲ 干諾道中與急庇利街交
界，約 1947 年。前方
可見一輛載客三輪車。
左方現為信德中心。

◀ 日據時代主要交通工具
手車（人力車），1930
年代。

◀ 1940 至 1950 年代初的載貨三輪車。（圖片由陳創楚先生提供）

馬車

1920 年代在港九消失的馬車，於淪陷時期率先在九龍復駛。1942 年 9 月，由商人獨資經營的九龍馬車公司進行試車。當時分有客貨 2 種，客車每輛最多可坐 12 人。

12 月 17 日，該公司的馬車正式在九龍行駛，先開辦由深水埗至九龍城的 3 號路線，全程共有 13 個站，站牌為紅底白字，並有馬匹標誌。數天後，增開尖沙咀至九龍城，以及何文田至九龍城的路線。每條線有載客及載貨馬車各 20 輛，車廂內設有電燈，營業時間由早上 7 時至晚上 10 時。

1943 年 8 月，6 人的輕便馬車試行。

9 月 5 日，巴士停駛後，馬車公司趕製 6 人馬車應急，於 10 月中通車，個人收費由 20 至 40 錢。

11 月 30 日，因缺乏新馬匹，馬車的行走時間縮短為上午 8 時至晚上 7 時半，以維持馬匹體力。

1944 年 8 月，因經營費用龐大及缺乏飼料，九龍馬車只餘下尖沙咀至九龍城一條路線。

11 月 15 日，馬車全面停駛。

1945 年 4 月 29 日，最後一次賽馬舉行後，數十匹賽馬改用作拉車。

5 月 9 日，正式開辦港島馬車路線，全程分 3 段收費：
(1) 由加路連山至軍器廠街；
(2) 由軍器廠街至三角碼頭；
(3) 由三角碼頭至山道。

每輛馬車可載 6 人，每段收費 50 円，全程收費 150 円。另外一條是由跑馬地至中環畢打街的路線。

6 月 1 日，增加載貨馬車，每輛可載 8 至 10 擔貨物。

和平後，馬車全部消失。

▲ 九龍馬車有限公司經營之 6 人馬車、每客軍票 30 錢的車票，1943 年。（圖片由吳貴龍先生提供）

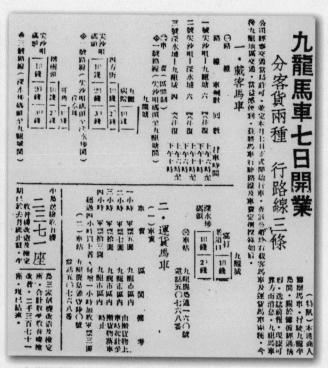

▲ 九龍馬車將於 1942 年 12 月 7 日開業的通告。

馬車昨日開業

深水埗至九龍城分兩大段十三小站

（特訊）九龍第二路馬車，昨日上午十時開始營業。

首條開辦第二路馬車，由深水埗至九龍城，派定馬車四輛載客，另有兩輛，隨時供應市民資用，客貨兩用女職員俱全。深水埗至九龍城，全程計有十三個小站，計分兩大段，各小站懸掛有圓型標誌，紅地白字，書明「馬車停留場」。至第一路線，及第二路線，因車輛路能障礙實現不及，短期內當能障礙實現。每一客車，約容十客車二十輛。軍期裝設電燈，以便上落。

馬車四輪載客，隨時供應市民資用，客貨兩用女職員俱全。深水埗至九龍城，全程計有十三個小站，計分兩大段。各小站懸掛有圓型標誌，紅地白字，書明「馬車停留場」。至第一路線，及第二路線，因車輛路能障礙實現不及。短期內當能障礙實現。每一客車，約容十客車二十輛，軍期裝設電燈，以便上落。

營業時間為昨日七時至晚上十時云。

（圖為昨日開業之馬車）

▲ 九龍馬車於 12 月 7 日開業的報導。

渡海小輪

在日據的三年零八個月期間，渡海小輪有由總督部經營、來往中環及尖沙咀的「香九連絡船」，以及由油蔴地小輪船公司經營的港九、新界及離島線。

1942 年 1 月中，來往中環和尖沙咀的「香九連絡船」（原天星小輪）復航。

3 月中，來往香港與長洲的小輪復航。稍後，有來往青山（屯門）、坪洲及梅窩的航線。同時復航的還有來往中環和深水埗的小輪。

8 月 10 日，新界小輪航線延至大澳。

10 月 1 日，有「健全行」的帆船來往香港和元朗。

1943 年 5 月 1 日，油蔴地小輪船公司獲日軍當局發還船隻，正式復業。該公司代表劉德譜表示，港內線小輪將由統一碼頭開出，先停泊佐敦道碼頭，再往深水埗。回程時同樣先經佐敦，再返回統一碼頭。

劉氏亦說明，新界小輪的大澳線及青山線每日開 2 班。至於往紅磡的港內線小輪將於 6 月恢復，青衣線則於 7 月恢復。

同日，交通部長高松表明，不會開辦汽車渡海小輪。

5 月 5 日，港內線小輪由上午 7 時至晚上 10 時服務，每日有 6 艘小輪行駛。票價為上層軍票 12 錢，下層 7 錢。

5 月 11 日，由於燃油短缺，來往尖沙咀與中環的「香九連絡船」開始縮減班次。到了 7 月，油蔴地小輪的港內線及新界線，亦縮減班次及提早停航。

8 月 1 日，往深水埗的小輪不停佐敦道而改停旺角。

8 月 21 日，因新界巴士縮減班次，油蔴地小輪船公司派出貨艇，由公眾四方街（眾坊街）碼頭運載貨物前往青山（屯門）、大澳、汲水門（馬灣）等，費用為每擔 1 円 60 錢。

9 月，有帆船由大埔滘及沙田開往深圳鯊魚涌。

9 月 5 日，巴士停駛後，貨物主要經水路運輸。青山、深水埗、旺角線渡輪需求激增。於繁忙時間，準備渡海乘客在統一碼頭前大排長龍。

9 月 23 日，油蔴地小輪船公司開辦廣榮棧橋（碼頭）至元香港（香港仔）再往赤柱的航線，並用小輪拖曳三艘帆船運載客貨。同時，「香港通船組合」（公會）利用港內大小「通船」（大部分為帆船），行走包括香港至九龍、荃灣、青山、荔枝角、元香港（香港仔）等地，以紓緩客貨交通。

▲ 1942 年，乘搭「香九連絡船」（天星小輪）往尖
沙咀的市民和日軍。左方可見一賣零食的女孩。
（圖片由每日新聞社（日本）提供）

◀ 1942 年，位於山
東街的旺角渡海小
輪碼頭。（圖片由
陳照明先生提供）

▲ 位於港島雪廠街口的天星碼頭，約 1948 年。左方為位於
畢打街口的卜公碼頭。

▲ 停泊於干諾道中碼頭的帆船，約 1948 年。帆船
於淪陷期間曾被用作渡輪。

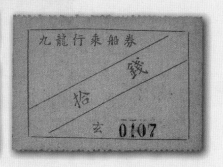

▲ 1942 年，淪陷初期的渡海小輪船票，包括 10 錢和 20 錢等。（圖片由吳貴龍先生提供）

1944 年 1 月，因缺乏煤炭，各線小輪大幅加價，並縮減班次。部分航線改為每週航行 4 天甚至只航行 2 天。新界線小輪星期日停航。

4 月 21 日，有旺角線小輪拖曳一艘船艇載貨渡海。同日，往大澳的元朗線小輪改用大型帆船行駛。

5 月 28 日，往大澳及長洲小輪停航。5 天後復航，但改為每 2 日一班。

6 月 14 日，港內線小輪每小時開出一班，香港仔及赤柱線完全停航。

6 月 17 日，因乘客擁擠，香九連絡船公司派出小輪，拖曳首尾均可開行的「雙頭車」小輪，載客往來中環至尖沙咀。稍後，油蔴地小輪亦採取此「拍拖」措施。此時，部分小輪已用柴代煤作燃料。

6 月 24 日,「通船組合」(公會) 用機動帆船往來港九新界,以補助因缺乏燃料而減少航行的小輪。

7 月中,因陸上交通停頓,當局新增由中環至筲箕灣的機動帆船。新界線小輪則拖曳 4 艘滿載貨物的大貨艇行駛。

9 月,因缺乏木炭燃料,機動帆船不時停航,亦有因入不敷支而停航者。

12 月 21 日,香港往來長洲及大澳線的小輪每 3 天開出一班,沿途加泊東涌並接駁其他島嶼。農曆新年期間停航一星期。

1945 年 1 月 10 日,港內各線小輪的尾班船為晚上 7 時 45 分,並會拖曳一艘貨艇載客。

3 月 1 日,「香九連絡船」交由油蔴地小輪船公司辦理。新票價為頭等軍票 5 円、三等 2 円。往深水埗頭等 7 円、三等 3 円;單車另收 10 円,行李每件 15 円。

4 月 17 日下午 1 時許,油蔴地小輪船公司的小輪「民昇號」由青山拖帶 4 艘帆船返港,突然有 24 架盟軍戰機用機槍向船隻掃射。「民昇號」連同 2 艘帆船被擊沉。事後,兩線新界小輪仍照常行走。

6 月,往來中環至尖沙咀的「連絡船」加價 2 倍,頭等收費 15 円。

日軍投降後的 8 月 17 日,新界兩線小輪如常航行,每 2 日一班。

▲ 日據期間，油蔴地公司的港九渡輪「民昇號」。

◀ 油蔴地公司渡輪「民發號」，曾被改名為「民發丸」，供「海員養成所」學員實習。

▼ 油蔴地公司的汽車渡輪「民讓號」，約 1940 年。

粵港澳內河船

由 1942 年 1 月中起，來往港澳及內地的「內河船」逐漸復航，但市民要到 5 月才可申請離港。根據「區管法令」，離港證分為「渡航許可願」（離港後不復返），及「渡航（旅行）許可願」（離港後可復返）2 種。

申請「渡航（旅行）許可願」者，須有重要及正當理由（如港粵貿易社的會員商人），並經憲兵部審核批准。遊歷性質者一律拒絕。由申請到返港的過程十分複雜，手續繁多。偶有差錯或逾期返港者，必受重罰，取消戶籍及米證。所有乘船旅客須先往遮打道別發書店檢驗糞便。

前往內陸及澳門的船隻，由「內河運營組合」（公會）經營，轄下有 4 條航線，包括：
(1) 廣州線：海珠丸、海剛丸、南海丸；
(2) 澳門線：民國丸、嶺南丸；
(3) 江門線：天鵬丸、福海丸；
(4) 廣州灣（湛江）線：宜陽丸、白銀丸。

船隻全被冠以日化名稱，部分由原日的船隻易名，如「佛山輪」易名為「南海丸」等。

被英軍鑿沉的「泰山」輪，從柴灣海面被拖往三井船廠（太古船塢）修理，以及被炸沉的「金山」輪在九龍造船所（黃埔船塢）修理後，皆恢復航行。

7 月初，海上交通因戰事關係暫停，數天後港口重新開放，交通恢復。

1943 年，往上海的航線完全停止。

1 月，第一艘機動帆船「南洲丸」，在總督部直營土瓜灣造船所下水。交通部長表示，為發展帆船交通，加緊建造機動帆船。另一艘機動帆船「第一南海丸」在長沙灣成興船廠下水。此後，本港生產的船隻全為機動帆船。

4 月，「大洋帆船株式會社」的香港支店有多艘快捷汽船往來汕頭、廈門、廣州灣、澳門、廣州，以及安南的海防及鴻基等地。所淀泊地點為中環鐵行碼頭及尖沙咀鐵道碼頭。稍後再增加大東南碼頭、元安碼頭及同安碼頭。

6 月 17 日，交通部長高松宣佈，即日起總督部轄下的造船所全部轉為「民營」，由日本財閥津田信吾及山見嘉志郎主理。

為節省煤炭，省港船減少班次，並利用空位運載貨物。

1944 年，港澳的海上交通及運輸工具主要為機動帆船。總督磯谷廉介表示，「戰時船隻難得，機動帆船是唯一的海上交通工具，所負使命重大」。稍後，「香港機帆運營團」成立。此時，各大小輪船因燃料短缺已全部停航。

12 月，油蔴地小輪船公司原日的渡海小輪「民英號」，被用作內河船，由統一碼頭開往市橋。泰利船務公司也用帆船載客往鯊魚涌，每次收費 12 円。無離港證件者 (即偷渡客) 收 14 円。

俟後，有若干艘內河船被盟軍戰機炸沉。最為人熟悉的是廣州灣線的「白銀丸」於和平後的 1945 年 8 月 26 日被炸沉，造成數百人死傷。

頭埠の龍九港香しせ陸揚を機軍那支
濟可許隊兵憲東廣日五十月五年四十和昭

▲ 1939 年的天星碼頭廣場。右方
停泊於九龍倉「一號橋」（現海運
大廈）之大洋船前的一座金字塔
屋頂建築，是九龍公眾碼頭。

（第　　號）		
棧橋使用許可申請書		
荷揚岸壁（　　　　）		
船　種　船　名		
船主又ハ傭船主		
總　噸　數		
純　噸　數		
船ノ長及輻		
吃　　　水		
繫　留　場　所		
使　用　時　間	日　時　分ヨリ	時　分
	日　時　分マテ	
使　用　料		
申　請　年　月　日		
申請者住所氏名捺印		
備　　　考		
	港務局	

◀ 日據時期的「棧橋」（碼頭）使用
（停泊）許可申請書，約 1943 年。

▲ 往來港九及內地的帆船，1930 年代。

▲ 省港渡輪「玉門號」，1930 年代。

第二十章
通訊與傳媒

郵政

淪陷後的 1942 年 1 月 22 日，部分郵政局重開，改名為「郵便局」。由於香港是日本的「佔領地」，採用的是日本郵票。郵差則被稱為「郵便集配人」。

3 月中，長洲小輪復航，兩地恢復通郵。長洲設立「郵便所」，負責代售郵票及收發郵件。

3 月 26 日，郵局全面重開。

4 月 1 日，香港和蘇聯、土耳其、保加利亞、瑞士、西班牙、葡萄牙，以及西班牙和葡萄牙的非洲殖民地，恢復通郵。

5 月 1 日，恢復開放郵筒，每天收信 2 次。

6 月 1 日，港澳可直接通郵，不須廣東省轉遞。

7 月 15 日，開始收發「料金別納郵便物」，規定 50 封以上郵費相同的郵件，無須貼上郵票，信封左上角加蓋上一個長 3 厘米的圓印，上書「料金別納郵便」以及郵局名稱。

8 月 1 日，開辦寄遞書刊、報紙等印刷品的「約束郵便」，郵費較為便宜，須加蓋「約束郵便」圓印，以代替郵票。

8 月 5 日，郵局嚴密管理郵件，修訂投郵法則。

因極度缺乏 1 錢、2 錢及 5 錢的日本郵票，須限制購買。居民投郵時，郵局職員先檢視信封地址，然後在封上蓋一小印，即等於貼了郵票。當時，寄往內地的郵件收軍票 5 錢，寄往廣州灣等地則收 20 錢。

9 月 1 日，當局准許赤柱拘留營的戰俘與外間用明信片通訊，但只能寄往與日本無敵對關係的少部分國家及地區。

9 月 10 日，香港與各離島完全恢復通郵。大澳自治維持會及坪洲自治維持會各自負責收發當地的郵件及代售郵票。

11 月 1 日，比島 (菲律賓)、棉蘭老島、蘇門答臘、爪哇、緬甸、馬來亞、北婆羅洲等日本的「南方佔領地」，與香港的普通郵遞逐漸恢復。郵費每封 5 錢，與寄往中國者相同。信件以日文書寫為主。

12 月 1 日起，開辦「書留」(掛號) 信，費用每封 12 錢，寄失信件的賠償為 10 円。同日，也開辦郵匯，但只限香港與日本之間。使用掛號信及郵匯服務者主要為日本人。港島的郵局一個月內便處理了 135 件。

12 月 5 日，當局發出公示第 80 號，宣佈發行「大東亞戰爭一週年」紀念圖繪明信片，於 12 月 7 日在各郵局發售，每套連紙摺售 20 錢。12 月 8 日至 14 日，在明信片上貼付 2 錢或

以上價值的郵票，可用紀念郵戳蓋銷。

1943 年 3 月 1 日，開辦來往南洋各日本佔領地的掛號郵件。5 月 25 日，開辦寄往華南及華中的掛號信件，每封收費 12 錢。

6 月 10 日，為了防止間諜活動，當局規定信件不准提及以下內容：
(1) 關於敵方的反宣傳材料；
(2) 軍事秘密；
(3) 關於船舶事項；
(4) 任何非緊急的事。

6 月 18 日，郵件須列明寄信人的姓名及地址，否則不予寄遞，並設最高罰款軍票 1,000 円。若信件有可疑，郵局可按地址調查。寄掛號信者須先持信件往郵局，經檢驗後職員才將信件密封投寄。

7 月 1 日，各區郵筒每日收信 2 次，並增加派信次數。

7 月 8 日，只限寄掛號信往上海、廈門、海口及廣州。

8 月 1 日，香港與蒙古通郵。

1944 年 4 月，一般郵費由軍票 5 錢增至 7 錢。

1945 年 4 月 16 日，郵費大幅調高。普通信件收軍票 3 円、明信片 1 円半、掛號信 5 円、報紙類 50 錢。同日，3 種郵票更改面額，包括：2 錢郵票改為 3 円、1 錢改為 1 円半、5 錢改為 5 円。郵費較淪陷初期暴升 60 倍，當局指示市民「閒信勿發」。

6 月 27 日，郵政服務範圍只限於寄往廣東省及澳門，郵局亦停辦匯款。香港每星期收信 2 至 3 次。

◀ 日據時期被稱為
「郵便局」的郵政
總局。

◀ 日據期間在香港使
用的日本郵票，其
上蓋有「香港」字
樣的郵戳。

▲ 日本紀念郵票，蓋有「大東亞戰爭一週年紀念」的
郵戳。郵戳圖案為日軍戰機轟炸香港。

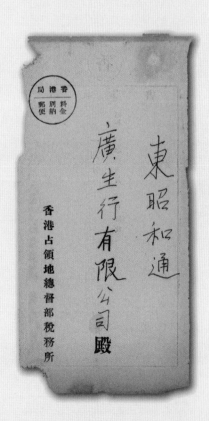

◀ 由「稅務所」寄往軒尼詩道廣生行的郵件，有大量
投寄免貼郵票的「料金別納郵便」印記，意為郵費
另外繳付。

◀ 日據時期，唯一
印有「香港」字樣
的一套 3 枚日本
郵票，及一張日本
明信片。其上蓋有
1945 年 8 月 13
日灣仔郵局的日
戳。

廣播

　　日據時期，「廣播」改稱為日本化的「放送」，由位於松原大
廈（告羅士打行，現置地廣場）的「香港放送局」主辦。廣播波段
為 JPHA 中波 845 kc/s，波長 355 MMW，或短波 9525 kc/s，
波長 31.49 MMW。廣播時間初期為中午 12 時至晚上 11 時，
內容主要為音樂及粵曲等，後來則改為日化節目，以及有利日軍
的特別報告等。

　　1942 年 5 月，逢星期一、三、五晚上，播送鮑曾麗卿夫人
教授日語的節目。

8 月，「放送局」為了嚴密管理使用收音機，實行登記全港收音機，包括商店的存貨。未登記的收音機將被沒收，機主會受處罰。

9 月，共登記了 8,000 多部收音機。此後，購置及遷移收音機須向「放送局」呈報。

11 月，當局實行收音機檢驗。短波收音機須交往指定場所改造，未獲許可者不能收聽短波廣播，否則會被重罰。

12 月，放送時間延長至由上午 8 時至晚上 10 時半，並增加體操、兒童節目、特別報告等。亦有名為《更生之家庭》的播音劇，鼓勵僑民歸鄉。

1943 年 10 月 2 日，停播西樂及粵曲，改播東京音樂。

11 月，在嚴厲節電措施下，不准使用收音機。當局在港九碼頭、石塘咀街市、筲箕灣和新界，設立 8 座播音塔，報告「正確」新聞和提供「正當」娛樂。有人因收聽「敵性播音」後向他人「散播謠言」，被判入獄 3 年。

1944 年，停電期間放送全面停止，但松原大廈每日仍報時 2 次。

10 月 16 日，恢復供電，同時恢復放送，廣播時間為晚上 7 時至 9 時半只 2 個半小時。松原大廈的播音筒仍繼續報時。

10 月 26 日，市面再停電，「放送局」經「第一放送」頻道廣播「臨時節目」，內容包括日語及廣東話新聞、正午報時。上述節目於 5 時重播，到 8 時至 8 時 45 分再播新聞。「放送局」的電波為 690 MMW，市民可用蓄電池收音機收聽。

1945 年 2 月 11 日，無線廣播停止。「香港放送局」在共
10 處包括高陞戲院、東方戲院，連絡船「民建號」等增設播音
筒，每日廣播新聞 8 次。

8 月 15 日，松原大廈的播音筒播出日本投降消息。

8 月 26 日，「放送局」及各播音筒恢復廣播天氣預測。

◀ 由干諾道中望畢打
街，約 1935 年。
右方為郵政總局，
正中為告羅士打行
（淪陷時期改名為
「松原大廈」）的廣
播電台所在。電報
局曾設於干諾公爵
像左方的於仁行。

▲ 有關「增加播音筒」的通告，1945 年 2 月 11 日。

電話

淪陷後，電話服務於 1942 年 1 月 17 日起恢復，經營機構為位於東昭和通（德輔道中）14 號連卡佛公司所在的交易行的「香港電話局」，以及「九龍電話分局」。

2 月 20 日，「電話局」正式徵費。

5 月，規定原有及新申請用戶於 6 月 20 日前重新登記。不少人申請停用，用戶由原來的 5,000 餘下降至 3,000 餘。

當局設法取締「搭用」電話（即數戶共用一個電話），違者可被重罰。

258

10 月，查詢電話號碼及修理電話服務，分別需撥「90」和「91」。

1943 年 2 月 20 日，香港和尖沙咀郵局開辦公眾電話，每次收軍票 10 錢。

此時，不少經紀會利用酒樓茶室的電話，以通報及交換物價起落的訊息，以作投機。各食肆為免受罰，多拒絕借用或規定不能使用電話談生意；亦有食肆索性把電話上鎖。

6 月 7 日，電話用戶急增至 8,876 戶。至年底，電話用戶超過 10,000。

1944 年 5 月，除與香港有關的建設、並獲得當局確定有安裝電話必要者外，一般商店及電話用戶的申請，概不受理。

7 月 1 日，電話加價 2 倍。同時，電話及電報改為「民營」，由「國際電氣通信株式會社香港出張所」辦理。

1945 年 1 月 20 日起，港九每年電話費為軍票 1,680 円，新界及荃灣則為 5,330 円。

7 月 10 日，電話費不分港九新界，一律為每年軍票 12,000 円。但電話需求仍然大增，尤其是經營金銀珠寶的商號，不少店舖會在隔牆開一小洞，暗中搭用電話。

電報

1942 年 2 月 1 日，電報業務恢復，由「香港電報局」及尖沙咀火車總站旁的「九龍郵便局」辦理。

5 月 1 日，香港恢復與「大東亞和平區」（日本佔領地）的信匯及電匯。

10 月 1 日起，陸續恢復香港與汕頭、海南島、澳門、比島（菲律賓）、華中、華北、滿洲國（中國東北）、蒙古、新疆、緬甸、南婆羅洲、荷屬印度（印尼）及泰國的電報通訊。

1943 年 1 月，香港與昭南島（新加坡）恢復電報通訊，內容須用日文書寫。

7 月，為節省電力，不准拍發非重要的禮儀電報，如祝賀影星陳雲裳結婚的電報便遭退回。由此時起，電報服務時斷時續。

1944 年 4 月，除緊急電報外，所有電報服務暫停。

7 月，電報及電話服務改由「國際電氣通信株式會社」辦理。該機構的辦事處設於中住吉通（干諾道中，現中國建設銀行大廈），後因「戰時之重要性」而遷往東昭和通（德輔道中）12 號的皇室行。

1945 年 3 月，因日軍戰況不妙，加上電力不足，當局再次停發電報。稍後雖然恢復，但只限少數地區。

▶ 1944 年 4 月，香港廣生行拍發往北京的電報收據。34 個字收費為軍票 37.45 円。最有趣的是除「廣生行」3 字外，收據上全為英文字。

報章

淪陷初期,香港仍有 11 份日、晚報繼續刊行,包括《香港日報》(中、英及日文版)、《南華日報》、《星島日報》、《華僑日報》、《華字日報》、《大眾日報》、《大光報》、《天演日報》、《循環日報》、《自由日報》及《新晚報》。

《工商日報》、《工商晚報》、《成報》、《大公報》及老牌的英文報章《德臣西報》、《南華早報》等則已停刊。

1942 年 6 月 1 日,日軍當局以「用作印刷報紙的紙張供應短缺」為由,飭令《香港日報》以外的 10 份日、晚報合併,情況如下:

(1)《華僑日報》與《大眾日報》合併,仍稱《華僑日報》;

(2)《星島日報》與《華字日報》合併為《香島日報》;

(3) 江精衛政權的《南華日報》與《天演日報》、《自由日報》及《新晚報》合併,仍稱《南華日報》;

(4) 歷史悠久的《循環日報》與《大光報》合併為《東亞晚報》。

合併後,香港共有 5 份報紙,包括:《華僑日報》、《香島日報》、《南華日報》、《東亞晚報》和中、英及日文版的《香港日報》。

當時,還有日文的日本報章《朝日新聞》、《每日新聞》、《讀賣新知》以及在廣東省出版的《南支日報》在香港發售。

1942 年出版的雜誌,有《大同雜誌》、《大同畫報》、《新東亞》及《大眾周報》。

8 月 7 日,總督磯谷廉介表示,報章文字的排法由右至左為標準,因此乃「東洋文化的優越」。

7 月，在報導長官指示下，成立香港記者俱樂部，設於總督部（滙豐銀行）2 階（2 樓）。

12 月，香港記者會成立。

在報導部長和新聞班長的監管下，報章記者只能「歌功頌德」，對日軍的負面消息絕不敢提，連因軍票急速貶值而大幅上升的米價也不能報導。

1943 年 4 月，《亞洲商報》出版，標榜為「新香港的唯一商業刊物」。同時，新報章《大成報》出版，一個月後改為隔日發行。

1944 年，「文藝綜合叢刊」《南方文叢》出版，執筆者有葉靈鳳、周作人、陳卯月等人。同年還有一份《時事周報》出版。

9 月，《香港日報》被東京的朝日新聞社接辦。

報紙的售價，由早期每份軍票 2 錢，到了和平前後升至 5 円，暴升 250 倍，可見軍票貶值速度之快。

▲ 由皇后大道中上望雲咸街，約 1938 年。右方娛樂院正中為位於 1 至 3 號的南華早報社。

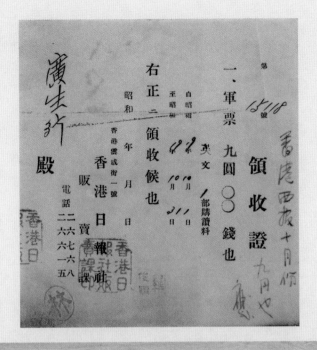

◀ 廣生行於 1944 年訂閱英文《香港日報》的月費收據。該報社社址位於雲咸街 1 號，是原英文《南華早報》社址。

◀ 1945 年 8 月 10 日的《香港日報》(Hong Kong News)，主要新聞為蘇聯軍隊進入「滿洲國」。

大眾周報

第一卷　第八期

每冊零售舊軍票拾錢　·　每逢星期六出版　★　發行者：丙方出版社　編輯者：大眾週報社
定價全年五十二期軍票五月（郵費在內）　　　　（電話二四五〇六）　社址：香港必打華行六樓

社論

談節電

節省燃料原為戰時應爾之義，故最近當局頻佈關於居民應厲力節省電力及煤炭消耗之意旨，使吾人自動起來糾正過去消耗之行為，其意義實至為重大。

用電的人家，對於每度電力繳付低廉價值，可以得到許多的便利，這是人人皆知的。因為電力的使用，以前不加限制，所以每一用戶少不免存當一種心理，那就是對於限度外及額的時候，特別運用其他方法，如用電爐煮物，用電熨斗去燙衣服，集合起來，其額數當有可觀，戶所做成不必要的消耗，雖然這超出的限度仍要約費，但究竟與節省之意義，大有違背。

當局在說明節省電力的意義中，引出政府微收不足十度之餘額電費，係用諸於為大眾謀福利的事業，這一點更應充分瞭解，而且在此戰爭時期，居民對於節約的奉行與協助建設是應一致的。

新的用電規則已經由電氣廠頒佈，今後用戶的每月用電額亦以一月至三月之用電平均數七成計算，過此則每度收費一倍，這種現定電費為最公平不過的。因為以一月至三月的平均總數七成計算，求出這一用戶每月實質的用電，那是正常和必需的情形，過此當屬不正常的消耗，負担這種不正常的消耗代價，正是說明其應有之義務，而且因為這種負担可以杜其真正節約奉行者補償。

我們知道有種用電燈的人家，對於每晚所用的燈光，往往是毫不愛惜的，華燈照耀如同白晝，通霄達旦固無論已，商用於飲宴竹戰者每居多數，此實至於消耗電力之上。要加一重物質與精神的消耗，真是與當局建設新香港之旨，大大的違背。

用電力的人家，對於不必要的消耗，尤不在少數，譬如每天燒水燒飯都是有一定的時間的，和有一定分量的，過此則屬無謂的消耗。

至於其他有些用戶，他們對於上一個月的用電額是十度，對於用電的常識，往往不加考慮，便生出很多詫異。其實特別原因所在，不外乎用時間，或燈泡的火數增多，如果對於時間和燈泡兩者加以注意，自己當可酌量所需情形，加以參照，相去當無過達之理。

最近報章上刊載對於裝設電燈未足三個月之用戶，其用電量既無舊額可實根據，又非新設者可比，其用電之平均額似難參考慮一議，亦為值得注意者。總之，在節省物力之方面或會不久不有加以審查之探約。相信電氣廠原則下，人民應該用誠實與力行的態度，使此政令得以圓滑進行總也。

▲週刊《大眾周報》，1943 年 5 月。該週刊的社址位於畢打行 6 樓。

Hongkong News

Registered as third-class mail matter Showa 17th Year, August 1.　　WEDNESDAY, AUGUST 15, 1945.　　VOL. LXXIII No. 1,345 PRICE: 3 Yen

Daihonyei Bulletin

Enemy War Vessels Heavily Damaged

Tokyo, Aug. 14 (Domei)—The Japanese Air Force yesterday afternoon carried out an aerial attack on the enemy task force mainstayed by four aircraft-carriers at a point 25 nautical miles east of Kashimanada, Imperial Headquarters announced this morning.

One enemy aircraft-carrier and one cruiser were heavily damaged and set ablaze, the announcement said.

KYUSHU ATTACKED FOR NINE HOURS

Fukuoka, Aug. 14 (Domei)—Approximately 70 Okinawa-based enemy aircraft, including more than ten "Mitchels," three "Lightnings," three flying-boats and more than 40 small planes, from about 6 a.m. to 3 p.m. yesterday appeared over various parts of Kyushu.

Flying in from Koshiki Island, Kagoshima Prefecture and Miyazaki Prefecture, "Mitchell" medium bombers with several smaller aircraft attacked Japanese vessels in Chosen Strait.

Meanwhile, a mainstay of small enemy planes, flying in four formations, made reconnaissance flights over Nagasaki, Saga and Fukuoka Prefectures and the coastal areas of Oita Prefecture before they withdrew.

Plane Hits Scored On Enemy Carrier

Japanese Frontline Base, Aug. 14 (Domei)—The Japanese Air Force at dusk yesterday, August 13, attacked enemy surface craft anchored in Nakagusuku Bay, in the main Okinawa Island.

Two Japanese Special Attack planes self-blasted onto an aircraft-carrier, while other war results are at present being checked up.

Average Harvest In Japan Assured

Tokyo, Aug. 14 (Domei)—The Asahi Shimbun said this morning that the improvement in weather conditions has put to flight all apprehensions concerning the coming rice crop, adding that an average year harvest has been assured. It explained that last winter's severe cold seriously affected the crops of barley and wheat, and the extremely cool season in the early summer of this year threatened to frustrate the efforts of the farmers.

The Asahi said that Government purchasing of barley and wheat has been going on as planned despite the poor crops, and the cultivation of sweet-potatoes and Irish potatoes has been aided by the good weather conditions.

POSSIBILITY OF LANDING OPERATIONS SEEN IN RENEWED ENEMY ACTIVITIES

Tokyo, Aug. 14 (Domei)—The renewed activities of enemy task forces off our Pacific coast and also other indications in the latest movements of enemy naval forces tend to point to a possibility of the enemy planning a landing operation on the Japanese Mainland in the near future, according to some military quarters here today. Following a comparative inactivity from towards the end of July to the first part of August, these military quarters pointed out, the enemy task forces again started their activities in our home waters since last week.

The task forces launched the first large-scale carrier-plane attack in this month last Thursday, August 9, when some 1,700 carrier-borne aircraft attacked the north-eastern part of the Japanese Mainland. On the following day, about 1,600 carrier-planes again attacked the north-eastern district and part of the Kanto District to the south-west.

After a two-day interval, the task forces made another carrier-plane attack on the Kanto District from early yesterday morning. These military quarters revealed that the task forces making these carrier-plane raids are known to be operating in the waters east of Inubosaki, Chiba Prefecture, and comprise three groups of surface craft.

By about 10.30 a.m. yesterday morning, some 550 carrier-planes in six waves attacked an extensive area, with war-plants and communication facilities as their main targets. In the course of this morning's operation, these raiders also attacked cities and towns.

No Troop Movements

The same military quarters disclosed, in this connection, that no small enemy forces are known recently to have moved from Leyte Island, in the Philippines, to the Okinawa sector.

There are indications that the enemy has completed by the first part of this month the concentration of some 400 surface craft in Okinawa waters, these quarters further revealed. Simultaneously, they said, enemy submarines infesting our coastal waters have become considerably active.

Pointing to these indications, these military quarters warned that there is a possibility that the enemy may be planning a landing operation on our homeland in the near future. Under these circumstances, these military quarters opined, there is good reason to believe that the enemy task forces will be making a series of carrier-plane attacks on the Japanese Mainland, and continue their operations in our home waters over a considerable length of time without a let-up.

HSINKING RESIDENTS UNSHAKEN BY CRITICAL WAR DEVELOPMENT

Tokyo, Aug. 14 (Domei)—The Soviet Union's sudden entry into the war against Japan wrapped the entire Manchoukuo in a tense war atmosphere, with active engagements going on in a number of the border areas of this young nation. Despite this critical development in the War of Greater East Asia, a tranquil and composed atmosphere prevails in Hsinking, the capital of Manchoukuo, where the Manchoukuoans and Japanese residents are calmly going about their daily routines, according to a Hsinking dispatch to the Mainichi Shimbun this morning.

Except for intermittent air raids by a small number of Soviet planes, there is scarcely any sign of the war which abruptly engulfed Manchoukuo, the Mainichi correspondent said, adding that excitement and commotion were conspicuously absent in any part of the capital.

However, consciousness on the part of Hsinkingites of the gravity of the situation confronting Manchoukuo and her ally Japan is apparent in many of the citizens, who mostly remain rather reticent while on the streets or at their jobs.

Evacuation Begins

The Mainichi dispatch said that many citizens, mostly women and children, had left the capital for places of safety in the countryside in anticipation of large-scale bombing attacks by the Soviet Air Force.

Hsinking's streets are now less crowded since a few days ago when evacuees began to leave the capital, according to the report, which, however, stressed that expressions of the grim determination to stay and defend the young nation's capital are clearly perceptible on the faces of those Hsingkingites who have decided to remain to do their bit in the capital amidst the critical developments.

Heavy Toll Taken Of Soviet Forces

Tokyo, Aug. 14 (Domei)—The Japanese garrison forces in Karafuto are at present bitterly fighting in the territory from the Handa sector to the northern sector of Koton on Sunday afternoon, August 12.

During the course of this engagement the Japanese forces inflicted considerable losses on the enemy, the announcement added.

RAIDERS RAIDED

Tokyo, Aug. 14 (Domei)—The Japanese Air Force yesterday, Monday, carried out an aerial assault on the enemy task force which attacked the Kanto District with carrier-borne planes for more than ten hours yesterday. The enemy task force is operating in the waters east of the Japanese Mainland.

Warship Damaged

Lisbon, Aug. 14 (Domei)—The San Francisco Radio said that one major United States warship was damaged off Okinawa by the Japanese Air Force.

Meanwhile, the Japanese Air Force hit back at Admiral Halsey's Fleet operating off the Japanese Mainland, the San Francisco Radio also said.

Further Attacks

Tokyo, Aug. 14 (Domei)—Following up yesterday afternoon's attack on the enemy task force in which one aircraft-carrier and one cruiser were set ablaze and heavily damaged, the Japanese Air Force is at present carrying out another attack on the surface forces in defiance of the inclement weather conditions. Most of the Japanese planes participating in the attack are Special Attack planes.

The task force first appeared in the waters east of the Japanese Mainland yesterday morning, August 13, and began to release carrier-borne planes to attack the Kanto District.

The enemy task force is mainstayed by four aircraft-carriers.

Atomic Bomb Horrible Barrier To Real Peace Among Nations

Tokyo, Aug. 14 (Domei)—Pointing out that the use of the atomic bomb has been severely condemned from the humanitarian standpoint by the papers of neutral countries such as the Zuericher Zeitung of Switzerland, the Svenska Norgenbladet of Sweden as well as by the Vatican's Observatore Romano, and even by the British journal Economist, Dr Ichiro Kiyose, one of the leading members of the Dai Nippon Seijikai (Political Association of Great Japan) declared that the employment of this diabolical weapon must be prevented.

He stressed that even if this war is brought to a termination, as long as the atomic bomb exists there will be no possibility of real world peace.

In commenting on the new bomb, Dr Kiyose, a Doctor of Law, pointed out that according to the Daily Mail, the British Labour Party has strongly objected to the use of the atomic bomb.

He continued that in this connection, Prime Minister Attlee's attitude is being watched closely, and there are indications that a demand will be voiced at the August 15 meeting of the British Parliament that the use of atomic bombs be prohibited in the war against Japan or in any war at all.

Protests Raised Everywhere

Pointing out that these are separate from those voiced by the journals of the various Swiss, Swedish and other neutral countries, Dr Kiyose declared that it is noteworthy that cries of protest against the use of the bomb are being raised by an influential political party of an enemy country.

Dr Kiyose expressed doubt over enemy reports claiming that the atomic bomb was perfected in 1937. He added that it is a singular fact that the atomic bomb was not used against Germany but only against Japan.

War Criminal

He said that it is clear that the enemy knows that if this merciless weapon were used against a member of the white race, it would create repercussions and would brand its first user as a war criminal, thus ruining its post-war prospects.

Even if the war should be brought to an end, as long as the atomic bomb exists, there is no possibility of real peace among nations, Dr Kiyose declared. He said that although there has been the opinion expressed that the atomic bomb should be placed under international control, this would not do, for there is the danger of its being put to use by selfish Powers.

U.S.S. Drexler Sunk

Lisbon, Aug. 14 (Domei)—The United States Navy belatedly disclosed yesterday, Monday, that this from two Japanese special attack planes sank the United States destroyer "Drexler" off Okinawa on May 28 with the loss of 154 dead, according to the San Francisco Radio.

It added that 52 others of the 350 aboard were wounded.

▲ 1945 年 8 月 15 日為日軍投降日。《香港日報》在當日版面上有描述原子彈的報導。

第二十章　通訊與傳媒

▲ 1942 年 8 月 3 日的《香島日報》，當時每份售
價 5 錢。

第二十一章
醫療衛生與慈善

醫療

　　淪陷期間，港九的醫療服務主要由東華醫院及廣華醫院負責，輔以由國家醫院及那打素醫院改成的 2 間「市民醫院」以及一個門診部。此外，還有包括寶血醫院、贊育醫院和被易名的聖德勒撒醫院等 9 間醫院為市民服務。

　　瑪麗醫院、九龍醫院及東華東院則被用作日軍醫院。

　　各區醫局仍維持服務，當時約有 10 間私立醫院被指令作空襲災民的救護醫院。不少留產所亦獲准營業。

（1）東華三院

　　東華三院是當時香港最大的慈善機構，轄下的東華東院於戰爭爆發時被港府徵用作傷兵醫院。淪陷後，日軍當局視其為「英軍醫院」而接收作為「日本海軍醫院」之用。

▲ 由半山向下望位於醫院道的國家醫院,約 1930 年。

　　東華及廣華兩院則一直維持服務,也是日據期間為港九市民提供免費服務的主要醫院。2 間醫院的接生所尤其受市民稱道。

　　1942 年,廣華醫院增設「李右泉骨科治療室」。李氏為押當業大王,1943 年東華三院的新主席李忠甫為其哲嗣。

　　當時,在東華及廣華留醫的病人每日可獲配米 6 兩 4,但配給只限數天。若在「自理房」(私家房)留醫的病人,除需支付房租外,還需自備飲食。後來,持米票人士才能入院留醫。到了 1944 年 6 月,更需戶籍證明才可入院。

(2) 公立醫院

　　1943 年 11 月,香港市民醫院(西營盤國家醫院),與及位於西大正通(般咸道)的那打素醫院,重組為以下 3 間醫院和診所:

1. 香港市民醫院第一醫院（原那打素醫院）；

2. 香港市民醫院第二醫院（原位於醫院道的國家醫院）；

3. 香港市民醫院外來診療所（原位於皇后大道西「雀仔橋」的國家醫院門診部）。

除上述公立醫院外，還有以下醫院：

名稱	地址	備註
香港博愛醫院診療所	東昭和通（德輔道中）7 號亞力山打行 3 至 5 樓	於 1945 年 3 月，以市區不適宜設醫院為由，遷往東大正通（堅尼地道）原聖若瑟書院
香港博愛醫院九龍分院	鹿島通（太子道）327 號原聖德勒撒醫院	
寶血醫院	深水埗	收容貧窮病人的慈善醫院
香港產院	原贊育醫院	1944 年遷往香港市民醫院第一醫院
香港癩（痲瘋）醫院	山王台（堅尼地城）	
香港精神病院	高街	
香港傳染病院	山王台的何妙齡醫院	1944 年遷往摩星嶺，原址改作肺癆病院
九龍傳染病院	荔枝角	
元朗市立醫院		1942 年 6 月 15 日開幕

(3) 軍用醫院

軍用醫院包括：

1. 香港陸軍病院（原瑪麗醫院）；

2. 九龍陸軍病院（原界限街的九龍醫院）；

3. 海軍病院（原東華東院）。

▲ 1940 年的瑪麗醫院。

市民醫院（原國家醫院）取消免費開診，改為
「健康相談所」的新聞。

（4）公立醫局

公立醫局包括：

名稱	地址
大埔醫局	
元朗醫局	
元香港醫局	香島道（黃竹坑道）原香港仔醫局
赤柱醫局	赤柱村道
灣仔醫局	石水渠街 85 號
青山醫局	深水埗醫局街
筲箕灣醫局	筲箕灣道
荃灣醫局	兆和街
上水醫局	上水粉嶺中心

此外，衛生總局和屬下的防疫團、檢疫所、化驗所，皆設於中住吉通（干諾道中）的消防局大廈（現恒生銀行）內。1945年 5 月，一間專門診治「自費病人」的香港市民醫院分診所亦設於此。

「衛生課」設於中明治通（皇后大道中）2 號與雪廠街交界的台灣銀行 3 樓，當中並設有「香港診療班」。而「九龍診療班」則位於湊區（尖沙咀）柯士甸道 115 號。

（5）收容救護醫院

1945 年 6 月起，港島各區的大小醫院（大部分為私營）被當局指令為空襲時的收容救護醫院，當中包括：

名稱	地址
聖方濟各醫院（成立於 1870 年）	灣仔聖佛蘭士街
太和醫院	半山巴丙頓道
馬島醫院	灣仔道

名稱	地址
奧醫院	遮打道聖佐治行
南國醫院	軒尼詩道
馬祿臣醫院	中明治通（皇后大道中）
養和醫院	跑馬地
國華醫院	鵝頸區
法國醫院	銅鑼灣

1942 年 5 月，日華醫師會舉辦會員登記，並將名單呈交當局，盼獲得開業許可證。

6 月 23 日，在衛生主管指示下成立日華醫會館、日醫學齒科醫師會及中醫聯合會。中西醫師（醫生）須向各醫會登記，資料呈上主管審核，獲頒發證書後才准執業。

6 月 24 日，日華醫師會改名為香港醫師會。

7 月 8 日，除西醫以外的任何醫生均須登記，由軍醫長發給執照。

8 月 1 日，香港醫師會的登記會員中，有 113 名獲准執業，包括馬祿臣、馬超奇、張榮棣、梁德基、趙不波、單季生、周錫年、霍永楷、霍永根、單樂生、胡百富、葉大楨、蔣法賢、吳鋆堅、莊兆祥、施文蔚、李樹培，以及若干名印度、葡萄牙、德國、菲律賓、匈牙利及俄國等國籍人士。此外，陸續有更多西醫及接生婦獲准復業。

此時，九龍並無牙醫執業，半島居民求醫頗不方便。

8 月 21 日，衛生部門限令全港執業牙醫 3 天內往衛生課登記。

1943 年，不少人因營養不良患上腳氣病，當局擬將他們遣送歸鄉。

為防止疫症流行，當局規定市民要打針及種痘。當局在配油站（米店）前設注射站，並按戶及各茶樓酒家檢查打針證明，無證者須立即接受注射。針紙或痘紙上若蓋有「不善感」的印章，表示明年要再打針，印有「善感」的則可免。

同年，東華醫院和廣華醫院的產科及看護畢業生共 47 人，後加入服務行列。

7 月，長洲醫院改名為兒童教養所。

8 月 3 日，當局將 6 個衛生機構合併為 2 個：
1. 防疫團及海港檢疫所合併為「防疫局」；
2. 細菌研究所、香港藥物分析所、屍體檢驗所及瘧疾防遏所合併為「衛生研究所」。

1944 年，香港醫師會獲供應電油，以提供救護車服務。港島的救護車停泊於太子行前，九龍則停泊於柯士甸道診療班。夜禁時照常行駛。

淪陷時期，差不多所有救護車皆被強徵運往日本，包括養和醫院及東華醫院所擁有者。東華及廣華兩院只能用「帆布車」接送急症病人。患傳染病者要向「防疫團調查班長」借用救護車，收費極昂。

2 月，為防霍亂流行，當局除在各醫院及診所設注射場外，又在各渡海小輪碼頭、油蔴地上海街的一定好茶樓及雙溪茶樓門前設注射站，以方便水上居民。

4 月 1 日，香港市民醫院的外來診療所取消免費門診，改為「健康相談」。醫生在「健康相談所」可替市民斷症，但不予醫藥及治療，但市民可選擇「自費診療」。「健康相談所」每週開放 3 天。東華及廣華兩院亦一度停辦免費門診。

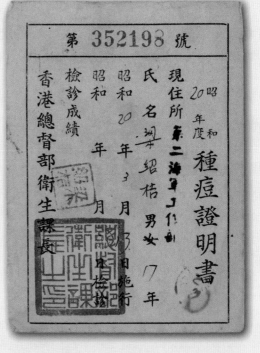

◀ 由「第二海軍工作部」（海軍
船塢）醫務科長發給之霍亂
預防注射證明書，1944 年。
（圖片由梁紹桔先生提供）

▲ 由「香港總督部衛生課長」發給之霍亂
預防注射證明書，1945 年。（圖片由
梁紹桔先生提供）

▲ 由「香港總督部衛生課長」發給之種痘證明
書，1945 年。（圖片由梁紹桔先生提供）

6 月，港九有甲種醫生 28 名、乙種 219 名，甲種牙醫 6 名、乙種 15 名，助產婦 51 名。

同月，東華醫院有 117 名自費病人及 135 名免費病人。廣華醫院則有 49 名自費病人及 206 名免費病人。兩院設有戒鴉片煙所，最多可容納 21 人。兩院的院長分別為莊兆祥及華則仁。

當局在元港區（包括田灣村、香島道、香港仔、黃竹坑和壽山村）展開撲滅瘧疾運動，為期一年。

7 月，當局實施按戶防疫注射。

8 月，衛生課長桐林茂公佈，在港九新界實施「公醫」制度，代替原來的「醫局診療班」，收費不變。由香港名流醫生擔任「公醫」，當局並給予「相當之待遇」，以及容許他們私人執業。

此時，香港全面停電，各醫院的電療及電氣紫光診療等暫停，並改用炭爐或酒精消毒醫藥用具。

9 月 2 日，當局公佈港九新界共 10 個「公醫」服務站地點，包括：東區、筲箕灣、元港區（香港仔）、湊區（尖沙咀）、元區（九龍城）、青山區（深水埗）、荃灣區、大埔區、上水區及元朗區，全為各區原來的公立醫局及「診療班」。至於擬設於中區、水城區（西營盤）及西貢區的服務站地點，則遲遲未能選出。

12 月，由於當局不肯補助經費，東華及廣華兩院未能選出新總理。此時，兩院打算出售部分嘗產及 300 多幅收藏名畫籌募經費，但售產的會議一再流會。

1945 年 2 月，東華和廣華兩院獲慈善總會協助，以及社會各界人士，包括兩院員工和各校學生募捐鼓勵。華人代表羅旭龢亦呼籲市民支持。多位社會名流包括高卓雄、徐季良及余達之答應擔任總理，總理名額亦增至 20 個。

4 月，東華和廣華兩院的新董事會誕生，主席為翁世晃，總理包括徐季良、莊兆祥及李茂機等。當時，兩院仍提供每名病人每日米糧 6 両 4 及軍票 1 円的餸菜費，後來減少。此時，各公立醫院的收費已大幅提升。

由於物價飛漲，東華和廣華兩院每月的經費，已超出原來軍票 60 萬円的預算數倍，情況十分嚴峻。當局呼籲市民盡力支持。

5 月，東華和廣華兩院決定恢復一度停辦的西醫門診服務，包括內科、外科及眼科。兩院每日分別向 50 名病人贈醫施藥，之後名額逐漸增加。

6 月，盟軍戰機頻炸香港，當局指令港島區共 38 間醫院及診所改為「救護機關」。

不少醫生因「所在不明」、「死亡」或「離港」而被當局吊銷執照，包括周錫年、周煥年和一些日籍醫生。

7 月，東華及廣華兩院總理沿門勸捐，籌募經費，並安排清理和埋葬積存屍體。因中藥缺乏，兩院用西藥診療，但醫治跌打則仍用中藥。此時，一粒金雞納霜價值軍票萬多円。

8 月初，東華及廣華兩院的醫生及護士赴新界巡迴診療，贈醫施藥。此外，又闢房舍收容街頭垂斃者。市民視兩院為萬家生佛，苦海慈航。

衞生

日據時期，社會的衞生問題，如洗街、滅鼠、清糞、清理垃圾，以至檢拾路上遺屍（執屍）等事務，於港島區由各區的派遣所管理；九龍區則由總部設於廣華街的九龍清淨團管理。

若要清洗街道，派遣所或清淨團須先與「下水班」（水務局）聯絡。

清糞業務由香九糞務公司承辦。到了後期，當局將衛生責任轉移予市民。在無人負責的情況下，整個市面垃圾、糞便堆積如山，可用「烏煙瘴氣」來形容。

淪陷初期，每天清掃街道 4 次，後來減為每天 1 次。

1942 年 11 月 27 日，荷李活道「大笪地」的多座防空室，藏污納垢，糞便遍地。西區區役所所長呼籲將防空室拆卸。

1944 年 8 月 15 日，全港各區的「塵芥」（垃圾）由清潔工人每日清理，然後運往「垃圾灣」（觀塘灣）棄置。由於垃圾灣面積不敷應用，而且離市區頗遠，故當局擬在山王區（堅尼地城）「水產卸賣場」後的山地，設立「塵芥傾卸場」。

10 月 15 日，清糞時間為早上 6 時至 10 時，費用每伙按月計算：樓下每桶軍票 50 錢、二樓 65 錢、三樓 80 錢。用來搬運糞便的木頭車須 8 至 9 人推動，每車可載 40 餘擔，令市容和衛生大受影響。

12 月 13 日，香九糞務公司把所得糞溺交予「肥料配給組合」（公會）分配予農民。稍後，香九糞務公司裁員一半，由以往隔日清糞一次，改為 3 日一次。由於工人減少，完成清糞時間由上午 10 時延至下午 1 時。

12 月 28 日，停止派出清道夫清掃「塵芥」（垃圾）。今後各區商店住戶須自行負責清掃家屋前後街道，而衛生派遣所則仍舊派出「塵芥車」收集垃圾。

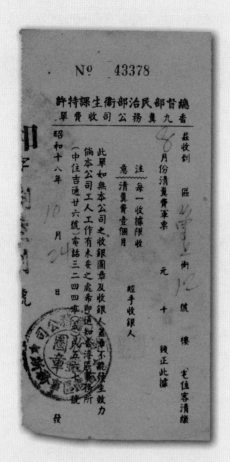

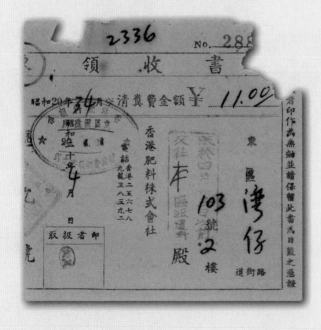

◀「總督部民治部衛生課」特許
香九糞務公司的清糞收費單，
1943 年。

◀「香港肥料株式會
社」的清糞收費
單，1945 年。

278

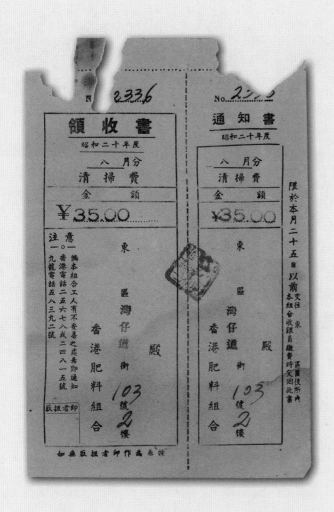

　　1945 年 1 月 1 日，樓宇清糞費用為每層每月軍票 5 円，
每高一層加收軍票 50 錢。同時，「清糞與肥料配給組合」易名
為「肥料株式會社」，社址位於渣甸行 1 階（1 樓）。

　　1 月 22 日，香九糞務公司調整職員，未能提供清糞服務，
不少人將糞便直接棄置在街道上。

　　5 月，清掃街道改為每星期一次。區費的 40% 為清潔業務
經費。

　　6 月 30 日，「肥料株式會社」增加清糞費，2 樓以下收軍
票 30 円，每高一層加收軍票 5 円。

　　7 月 10 日，地區事務所積極清理垃圾，呼籲工人注意路旁
遺屍。

7 月底，當局推行「衛生自治工作」，在各區役所督導下，居民須自行清掃垃圾和清理坑渠積水，並將垃圾傾倒於各街道的「垃圾池」。各區役所派日華職員視察，若有不妥，必追究責罰。中區有自僱工人清潔街道，向商戶收取清潔費。

8 月，「肥料株式會社」遷往渣打銀行原址的「房屋登錄所」內。

8 月 14 日，當局規定每月的 14 日及最後一日為「衛生日」，當日為首次舉行，居民屬行清潔。

8 月 15 日，當局實施防癆工作。

日據期間，「衛生日」及防癆工作皆只舉行了一次。

和平後的 10 月 1 日，當局認為淪陷時期建於各街頭的「垃圾池」有污市容，予以拆除。

慈善機構

香港華民慈善總會於 1942 年底成立，負責統籌香港的慈善事務。該會主席為羅旭龢，理事包括陳廉伯、劉鐵誠、李子方、李冠春、葉蘭泉、黃燕清、陳鑑坡、鄧肇堅及郭贊，全為「兩華會」成員。理事會議地點為東亞銀行董事會議室。香港所有廟宇歸華民慈善總會管理。各廟宇開投「司祝」所得款項，亦撥給該會應用。

華民慈善總會每月補助的項目，包括：
（1）4 間醫療機構，包括：東華及廣華兩院、聖方濟各醫院及寶血醫院；
（2）9 間孤兒收容所，包括：位於京士柏的九龍競技場孤兒院、大埔孤兒院、香港仔兒童工藝院、位於高街的聖保祿法國育嬰院、意大利聖心育嬰院，以及包括心光盲童院的 2 間盲人

收容所等。此外，還有牛池灣安老院及廣蔭老人院，以及包括聖類斯工藝院的 2 間工讀所。

（3）該會又曾資助 1,000 名平民學生，免費入校讀書。

而東華兩院及保良局則歸「民治部」管轄。保良局除收容婦孺外，亦施粥給饑童。饑童經總理甄別，每人獲派證明卡一張，每日可憑卡領白粥一碗。

另外，位於九龍基隆街 92 至 98 號 3 樓的九龍道德會龍慶堂亦有施粥。該堂屬下有位於沙田的先天道安老院，收容 60 歲以上無依婦女 40 餘人，每月開支約軍票 40,000 円。另外，又組織「兒童工賑院」，收容兒童 70 多名，實施以工代賑。

其他由企業或民間資助的慈善機構，還有濟民會和施粥的雲泉佛堂。

1942 年 7 月，保良局主席周錫年連任，並獲胡文虎答允贊助保良局增收 200 名兒童。胡氏又撥款修葺保良局於戰時遭破壞的建築物，「民治部」曾登報鳴謝。

7 月 15 日，萬國紅十字會成立香港分會。

1943 年，保良局總理陳鑑坡被推選為主席。胡文虎資助保良局超過港幣 10 萬元，陳氏往虎豹別墅向胡氏道謝。同年，陳氏主持的雲泉佛堂籌得白米 1,000 斤，舉辦義賣白粥。當時佛堂位於西昭和通（德輔道西）107 號 2 樓。

3 月，香港濟民會成立，主席為羅旭龢，由香港煙草廠的「煙絲所」提供經費。該會設於文咸東街 115 號，主要以販賣煙絲所得款項救濟「從事建設者」及其家人。

1944 年，華民慈善總會的經費每年約軍票 26 萬円，需徵募善款。

1945 年 8 月 12 日，保良局主席高卓雄表示會繼續施粥，名額為每日 500 人。日軍政府亦利用局內曠地種植 1,000 株木瓜樹，期待數月後有收成。

　　和平後，龍慶佛堂結束義賣白粥，將剩餘白米及餘款撥送競技場孤兒院；又進行盂蘭籌款，以捐助東華醫院。

　　9 月 22 日，港府委任東華醫院負責施飯救濟貧民，名額 2,000 人；又在東華東院、廣華醫院，以及荃灣設立施飯站。

第二十二章
消閒娛樂與競馬

娛樂場

日據時期，當局不准舞場復業，因「奢華淫逸生活」為「新香港」所不容。港九不少舞場，如國泰、大華、皇宮等，均改為夜總會繼續營業。另一方面，當局卻鼓勵開設稱為「娛樂區」或「慰安區」的風月場所，推翻了香港政府於 1935 年實施的禁娼政策。

1942 年 7 月 1 日，華民各界協議會討論娼妓的存廢，認為應禁絕私娼，恢復公娼。同時，華民代表會提議在石塘咀、深水埗及長沙灣，開設華人娛樂區。日本人的娛樂區則計劃設於山林道，但日本人亦可「跨區」娛樂。區內除鴉片、賭博、跳舞 3 項遭禁外，其他娛樂類應有盡有。華人代表會要求政府若須「徵用人民家屋，請預早通知」。

到了 9 月 11 日，憲兵隊正式發表娛樂區地點，分別為：

(1) 香港華人慰安區

位於藏前區（石塘咀）的山道、和合街、日富里、晉成街、南里、遇安台、西明治通（皇后大道西）、西昭和通（德輔道西）上共 138 幢樓宇，連舖面共約 485 層。除西昭和通的樓宇用作商人俱樂部和商店外，其餘街道的樓宇皆用作各級娼寮。

(2) 九龍深水埗華人慰安區

位於大南街、荔枝角道、基隆街、汝州街、鴨寮街、南昌街及長沙灣道至桂林街一帶，共 186 幢樓宇，連舖面共 535 層。

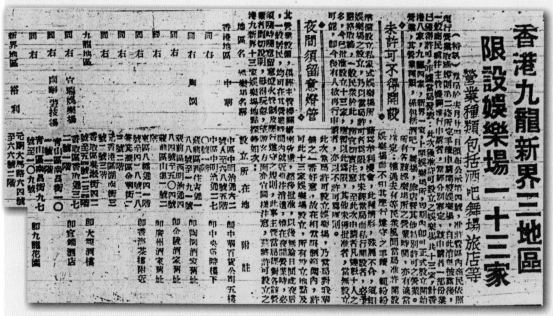

▲ 1945 年 2 月 8 日，在港九 13 家酒樓食肆開設娛樂場（賭場）的新聞。

除食肆外，上述兩區的商戶和住客須立即遷出，以「實現娛樂區之計劃」。娼寮、按摩、導遊等行業則被限令於 10 月 31 日前遷入娛樂區。

憲兵隊長野間賢之助表示，私娼應「棄暗投明」，在指定慰安區內登記及驗身作「明娼」。導遊社與導遊、妓院與妓女須填報「稼業屆」（娼妓業許可申請書）。此後，私娼變為非法，憲警在各旅館嚴查私娼活動，違例者將被重罰或拘禁，嫖客與妓女處罰相同。

此時，陶園、金陵、廣州等酒家正籌備復業，經營一段時期後被改作「宿泊所」。當時，導遊社遍佈遇安台及相連的南里，門前掛着「銀座」、「仙境」、「新新」及「共榮」等招牌。

11 月 1 日，當局禁止「指定區以外的娛樂事業」。

12 月 5 日，居於灣仔駱克道共 160 幢樓宇內的居民自 8 月被飭令遷出後，這一帶的駱克道被修繕改建，幾乎與日本國內相同，被稱為「日本人街」。在該處成立的「日式街道會」開始活動，務使駱克道成為日本人的「聚樂街」。亦有日軍在此居住和辦公。

此時，不少少女出街後蹤跡全無，相信是被脅迫或為了獲得米糧而在慰安區內接客，被稱為「花姑娘」。亦有日軍逐戶強拉婦女作「花姑娘」。

位於石塘咀皇后大道西與山道交界的萬國酒家舊址，被改為四海春娛樂場。內有食堂、旅店、理髮店、歌廳及雜貨攤等。

1943 年 1 月 1 日，塘西的導遊社（或稱「嚮導社」）及各級妓寨十分熱鬧。報章描述：夜間霓虹管閃爍生光，姐兒花枝招展，笑臉迎人。

▲ 1943 年 4 月 10 日，石塘咀「四海春娛樂場」之開幕廣告。

▲ 「塘西風月」的中心點,約 1930 年。左方的樓宇依次為倚紅妓院、太湖酒樓、金陵酒家。
正中為位於遇安台的聯陞酒店,右方為廣州酒家。淪陷期的 1942 年底,這一帶「復活」
為「娛樂區」。

◀ 約 1948 年的灣
仔。位於正中是
中國艦隊會所。
日據時期這一
帶是日軍的「聚
樂區」。

1943 年初是娛樂區全盛時期，除有大小娼寮數十家以外，
還有不少導遊社、按摩院、茶座、酒樓食肆、浴室等在各娛樂
區內營業。

5 月 11 日，深水埗娛樂區各行業籌設「組合」(公會)。

6 月，娛樂區內的競技場因含賭博性質而被飭令停業，娛樂
區的業務大受影響，多個競技場紛紛改為食檔繼續營業。

1944 年 3 月，深水埗娛樂區內的酒樓、旅社等大部分結
業，娛樂區名存實亡，但塘西仍有約 600 名妓女。

娛樂區的「組合」(公會) 內設有診所，負責檢驗妓女及「導
遊女」的健康。如發現染上性病，則停止她們的「健康證章」並
禁止營業。1944 年曾改由市民醫院負責檢驗，後來又轉由「組
合」負責。

1944 年中，市民節省開支，娛樂區業務大為遜色。電車停
駛後，更多娼寮及導遊社停業。歷史悠久的珍昌酒樓亦於此時
結業。

8 月，自當局加重「遊興飲食稅」後，娛樂區變得荒涼。此
時，塘西仍有 75 間娼寮和導遊社，妓女 312 人，但只為全盛期
約三分之一。深水埗的妓寨也只餘一兩間。

設於陶園酒家舊址的娛樂區「組合」，規定區內妓女收費。
但因物價高漲，妓女收費高於「公價」而受到干涉，她們會反
問：「豬肉幾錢一斤？」事實上，當時的豬肉比「人肉」更昂貴。

10 月，娛樂區聯業組合 (公會) 舉行第三屆會員大會，轄下
的娼寮組及導遊組等派代表出席，由日軍長官致訓詞。

此時，娼妓及導遊向當局提出加價申請。

1945 年 2 月，第二任總督田中久一批准開設 13 處「娛樂場」，營業種類包括酒吧、舞場、旅店，還有「特別許可的營業」（即賭場及少部分舞場）。以下為賭場的地點：

石塘咀的陶園、金陵及廣州酒家；中華百貨公司 5 樓的建國酒家；中央戲院（位於中明治通）。還有多間設於下列道路，包括：東區八幡通（莊士敦道）、元香港湖南街、筲箕灣金華街的賭館。

九龍區則有香取區（油蔴地）的大觀酒樓和宜端酒店；深水埗南昌街的南華遊技場及九龍花園；元朗大馬路的裕利。

一個月後，再增設以下娛樂場，包括：菲林明道的新亞怪魚酒家、中明治通的金城酒家及仁人酒家、西明治通的高陞戲院、東昭和通的華人酒家以及旺角上海街的金唐酒家。

合計港島共有 17 處娛樂場，九龍有 6 處，上水、大埔、元朗、長洲及大澳各有 1 處，共 28 處。

上述娛樂場中，除建國酒家及仁人酒家主要為舞場外，大部分為賭場，尤以中央戲院的賭場及高陞戲院的利源娛樂場內的字花場最為著名。同時，亦有一間義利公司開辦「有獎義會」（字花會），以及大小聯票、舖票和山票等賭博，大舉招聘「帶家」，並在港九開設 6 間「分廠」，可謂賭禁大開。

5 月 19 日，位於元朗大馬路（青山公路）64 號的裕利娛樂場因欠稅被飭令停業。

和平後，利源娛樂場結束營業，發回股本並遣散職員，其他娛樂場亦先後結業。

粵劇劇場

香港淪陷後的 1942 年初，當局指令各戲班繼續演出，上演粵劇的戲院，包括港島的高陞、娛樂、九如坊及中央，以及九龍的普慶和平安。

初期的著名戲班或劇團計有：

劇團名稱	主要演員	上演劇目
勝利年	廖俠懷、唐雪卿	《蝦仔變龍王》、《無價春宵》
覺先聲	薛覺明、上海妹	《胡不歸》、《王昭君》、《姑緣嫂劫》
鳳凰	新馬師曾、李海泉、余麗珍	《泣荊花》、《陳世美不認妻》
嚶鳴	新細倫、伊秋水	《孤寒種》、《㜷形壯士》
共榮華	新馬師曾、靚次伯、譚玉真	
大東亞	曾三多、羅品超、衛少芳	
新香港	李海泉、白駒榮、余麗珍	
義擎天	白駒榮、張活游、區倩明	
大中國	鄺山笑、鄭孟霞	
光華	靚次伯、羅品超、胡蝶女	

稍後，不少名伶和電影演員紛紛逃亡至澳門及內地的自由區，以及廣州灣等地。

6 月，《香督令》第 22 號規定所有電影及戲劇，要先送交「總督部報導部」檢閱，獲得許可證後才可上映或上演。

9 月 8 日，音樂界包括女伶小燕飛，於明治劇場（皇后戲院）為 9 月 2 日在廣州逝世的名歌伶小明星（鄧曼薇）開悼唱會，籌款救濟其家屬。

11 月，為紀念「聖戰」一週年，「大東亞劇團」上演粵劇《光榮之路》及《原是一家人》，兩劇皆是「全港紅伶改進粵劇運動」的作品，內容鼓吹「大東亞共榮圈」和「中日親善」。

1943 年 1 月，香港八和粵劇會的會員因無居留權及米證，多過着流動式困苦生活，他們請求當局發給離港證，讓他們歸鄉。

1943 年初，夜市一度恢復熱鬧，各區紛紛開設歌壇。有應召演唱的瞽姬（盲歌女），在茶樓茶居自彈自唱。

當時，歌伶張月兒剛由安南返港，在陶園酒家歌壇獻藝兼主持。同場演出者還有玉華、影荷及碧玲。陶園亦設有一棋壇，由蘇天雄和何醒武擔任主持。後來，因晚間限制用電及燈光管制，歌壇漸告式微。

◀ 日據時期曾在港獻藝
的粵戲紅伶余麗珍。

290

▲ 日據時期被改名為「明治劇場」的皇后戲院。

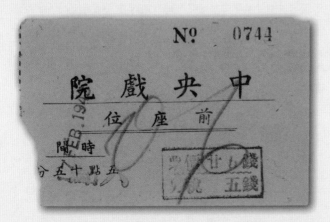

▲ 1943 年，位於皇后大道中 270 號中央戲院的戲票。

▲ 1944 年 4 月 16 日，報章娛樂廣告。

▲ 1944 年 6 月 22 日，八和粵劇協進會的義演廣告。

◀ 新馬師曾與羅艷
　卿。

◀ 任劍輝與白雪仙。

4 月 1 日，「乾坤」及「大東亞」兩劇團合併為「新東亞劇團」，由顧天吾領班，花旦為鄒潔雲及白雪仙。

8 月，為節省電力，戲院每日上演或上映日夜只各一場。到了 1944 年 4 月，只限夜間一場，星期日則加開日場。

1944 年後期組成的劇團有：

劇團名稱	主要演員	上演劇目
興中華	顧天吾、羅艷卿、李海泉	
蝴蝶	少東坡、胡蝶女	《野玫瑰》
大光明	顧天吾、秦小梨	《霸王別姬》
百福	羅品超、余麗珍	《山東穆桂英》
大富貴	顧天吾、羅艷卿	《五俠恩仇記》
興華	少新權、余麗珍	《關公捉曹操》

8 月 20 日，粵劇界若干熱心分子擬籌設八和粵劇會以外的新組織，以配合當局「改進粵劇」的政策。「報導班」對計劃表示支持，並着手收回以前發給八和會員的「身份證明書」。同時，總督表示，「對於妨礙或含有敵性之娛樂，當予以禁止」。在當局指示下，粵劇界着手修改劇目，加入「較有意義的材料」。

1945 年 1 月，平喉歌后李少芳及骨子腔王鍾雲山，由廣州來港在國民戲院獻唱。此時，只有若干小型粵劇團，大多為歌壇的變相。

8 月 9 日，上環街市電車站旁華人酒家 2 樓，禮聘 7 歲小童羽佳主演《孤兒救祖》和《義伏姜元龍》。

此外，香港有不少「白話劇團」演出各類話劇。最哄動一時的，是在當局指導下上演的《香港第一百回聖誕節》，內容為日軍進攻香港時，市民在防空洞內的情景。話劇由香港電影協會旅港影人劇團演出，導演及演員包括王元龍、李景波、顧文宗及趙一山等。

電影

　　淪陷早期,電影政策頗為寬鬆,不少西片仍可放映,如泰倫鮑華 (Tyrone Power) 主演的《寶劍留痕》(*The Mark of Zorro*)、茱地嘉蘭 (Judy Garland) 的《綠野仙蹤》(*Wizard of Oz*)、卡通片《大力水手》(*Popeye the Sailor*)、愛路扶連 (Errol Flynn) 的《海上霸王》(*The Sea Hawk*)、米奇龍尼 (Mickey Rooney) 的《孤兒樂園》(*Boy's Town*) 等。

　　國語片則有周璇及白雲的《天涯歌女》、周璇的《漁家女》、英茵和張翼的《世界兒女》、李麗華的《凌波仙子》、黃河的《一代紅伶》等。當時,電影是由香港電影協會「配給」(發行) 的。

　　放映最多的則是粵語片,包括:白燕的《似水流年》及《一夜夫妻》、紫羅蘭和李景波的《南國情花》、白駒榮和張月兒的《何處不相逢》、馬師曾與陳雲裳的《賊王子》及胡蝶和謝益之的《胭脂淚》。

　　1942 年 12 月 8 日,《香港攻略戰》上映,為日據時期唯一在香港拍攝的電影。

　　1943 年,日軍當局收緊電影政策,只發行日語及國語影片,後者以「滿洲影業公司」(滿映) 的出品為多,如李香蘭的《支那之夜》、《恨不相逢未嫁時》、《萬世流芳》、《林則徐》;李麗華的《萬紫千紅》和《寒山夜雨》;韓蘭根及殷秀岑的《難兄難弟》;劉瓊及袁美雲的《水性楊花》。其他電影多為有關「大東亞戰爭」的日語片,由「東寶」及「大映」製作。

　　當時,港島有 14 間戲院,包括:娛樂、明治 (皇后)、中央、東方、利舞台、新世界、高陞、國泰、香港、九如坊、西園、長樂 (西灣河)、香島 (香港仔) 及國民。太平戲院被改作宿泊所。

九龍則有 13 間戲院，包括：平安、大華、普慶、東樂、油蔴地、好世界、新華、第一新、紅磡、旺角、和平、明星及新東亞。尚停業的戲院有北河、景星、光明及廣智。

　　新界的戲院則有大埔墟的大埔及元朗的同樂。

　　1942 年 7 月 25 日組成的香港交響樂團，於 8 月 2 日在娛樂戲院舉行第一次演奏會，當中 Hore 教授及 R. Litvin 女士表演鋼琴獨奏。

　　1943 年，日軍當局的「映畫股」不時派出憲查到戲院查票。

　　6 月 5 日，日本聯合艦隊司令官山本五十六元帥，在南方指揮作戰時陣亡，是日舉行喪禮。所有娛樂場所及戲院，包括塘西及深水埗的風月區，均被飭令停業，全港一律下半旗誌哀。

　　7 月 19 日，為紀念塞班島日軍及日僑全部「壯烈殉職」，當局下令各戲院、歌壇、食肆、娛樂場停業一天，並在門前用中文標明「為哀悼塞班島英靈，今日停業一天」。

　　1944 年 1 月，當局要求電影（當時以日語片為主）加上字幕，以宣傳文化。

　　8 月 20 日，各戲院因停電而停止營業。娛樂戲院因有自置發電機，能繼續放映。而明治、利舞台、新世界戲院隨後亦自設發電機，恢復放映。

　　10 月 3 日，為哀悼大宮（關島）及迭尼安兩島的日軍全部戰死，下令各娛樂場所及食肆停業一天，但厚生彩票如常開彩。

　　11 月 10 日，國民政府主席汪精衛逝世，當局下令本港市民服喪及下半旗，飲食和娛樂場所亦須停業。

▲ 位於皇后大道中 34 號的娛樂戲院，約 1952 年。

　　當時，有若干部粵語片上映，如鄺山笑及白燕的《紅巾誤》、新馬師曾及譚蘭卿的《瘋婆尋仔》、吳楚帆及李綺年的《銀海鴛鴦》、薛覺先及唐雪卿的《白金龍》、何大傻及林妹妹的《傻偵探》等。間中亦有一些德國及法國影片上映。

　　至於英美等地的西片則全部禁映，但日本人卻經常私自放映自娛。各大戲院不時掛出「是日皇軍借用本院、全日映戲體息」的告示牌。

▲ 電影明星紫羅蓮。

▲ 電影明星白燕。

◀ 國語片影星李麗華。

競馬（賽馬）

淪陷時期，日軍當局熱衷於賽馬事業以圖利。當時「賽馬」被改名為「競馬」，跑馬地馬場被改名為「競馬場」，香港賽馬會被改名為「香港競馬會」，馬場所在的黃泥涌谷被改名為「青葉峽」，跑馬地區則被改名為「青葉區」。

競馬會的辦事處位於東昭和通（德輔道中）松坂屋（連卡佛）公司所在的交易行 2 樓，並委任 80 歲高齡的何甘棠為理事長。

競馬會首先飭令各馬主領回名下馬匹，無人認領者將被公開拍賣。飼養馬匹由馬主負責，包括練馬師、騎師、馬伕及馬糧的費用，每月共為軍票 25 円。馬匹主要來自中國及澳洲，後來亦有日本馬，全被配以 2 個中文字的馬名，中文馬名為香港始創。

當時的騎師有：黃甄、招基繁、何康炳、張和生、楊必達、胡百明、余威廉、趙連壁、鄧肇垣、潘述文、韋耀章、謝文玖、郭子猷、施貴雅、梁祥成、祁葛利、李世華、吳祥輝、梳利士、何炳廉、潘錦華及林敬德等。當中除若干名為葡國人外，全為華人。其中郭子猷於 1960 年代蟬聯多屆冠軍騎師。

由於騎師不足，競馬會曾舉行「速成騎師訓練班」，為期一個月，每期收生 30 人。自備馬匹者，學費港幣 40 元，由馬會提供馬匹者，學費港幣 120 元。

1942 年 4 月 25 日，競馬會舉行首次競馬賽事，之後每月舉行 2 次賽馬，每次為星期六、日一連 2 天。

競馬會亦發售每張港幣 1 元（軍票 50 錢）的大馬票，首次於 6 月 14 日開彩。

5 月 3 日，在競馬場舉行首次馬匹拍賣，共 164 匹馬，

全部有 2 個中文字名稱。競投人除競馬會會員外，亦有非會員投得馬匹後成為會員。最貴的馬匹為價值港幣 6,000 元的「花光」。「總督部」則購買了 3 匹馬，而競馬會亦將一匹名為「花龍」的馬匹送給總督磯谷廉介。

7 月，無論投注或買馬票均以軍票為單位。秋季大馬票每張軍票 50 錢，一次買 100 張享九折。同時發售「小搖彩」馬票，每張亦為 50 錢。售賣處除位於東昭和通的競馬會外，尚有明治劇場（皇后戲院）及香取通（彌敦道）361 號地下（近普慶戲院）。

同時，競馬會從九州購入 60 匹日本馬，以每匹軍票 800 円售給會員。

11 月，競馬賽事由每日 9 場減為 8 場。

11 月 18 日，因飼料昂貴，競馬會把不能出賽的 22 匹馬，以每匹軍票 70 円出售，相信多用作拉馬車。

12 月，拍賣競賽馬匹最高價格為軍票 1,600 円，最低為 30 円。

「獨贏」及「位置」的投注票，最低額為軍票 2 円半。

◀ 1941 年 10 月，淪陷前最後一期大馬票。馬會彩票部司理之一為滙豐銀行大班（總經理）祁禮賓爵士。

（香港憲兵隊檢閱濟）

香港占領地總督部管理競馬場

百萬市民の健全娛樂場として顏色觀覽席に鱠つ

（繪圖濟）

◀ 日本製明信片
中的競馬場，約
1942 年。

◀ 日據時期「香港占
地總督部管理競
馬場」的繪圖明信
片，1942 年。

◀ 1942 年，秋季大競馬的馬場情景。（摘自《大東亞戰爭畫報》第六年三十號，1942 年 12 月 8 日）

◀ 1942 年，秋季大競馬賽事進行中。（摘自《大東亞戰爭畫報》第六年三十號，1942 年 12 月 8 日）

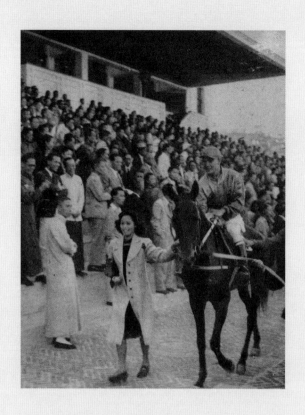

◀ 1942 年，秋季大競馬「拉頭馬」情
景。（摘自《大東亞戰爭畫報》第
六年三十號，1942 年 12 月 8 日）

　　1943 年，春季大馬票改為每張軍票 1 円，共售出 20 萬
張，頭獎彩金 70,000 多円，二、三獎彩金分別為約 20,000 円
及 10,000 円。另設有 27 個「入圍獎」。

　　2 月，「獨贏」及「位置」投注票，最低額改為 5 円。公眾席
及會員席的入場費分別為 50 錢及 2 円。競馬賽事改為逢星期
日舉行，每天比賽 7 場。競賽馬匹的班次由 1 至 4 級改為甲、
乙、丙 3 級。

　　5 月，因馬匹不足，減為每天競馬 6 場。何甘棠表示，打算
向澳門購買當地停止賽馬後所餘下的澳洲馬及中國馬。他亦打
算向廣州購買中國馬以作補充。

　　11 月，有 17 匹日本馬由台灣運至，並攪珠配給會員，成
交價由軍票 1,000 円至 7,500 円不等。

　　12 月，再舉行馬匹拍賣，最昂貴為 14,000 円，最便宜為
200 円。

1944 年初，馬票發售額為 35 萬張。

1 月，競馬會出版「競馬成績冊」。

4 月，由於不少馬匹死亡，競馬由每星期一次改為每兩星期一次，但「小搖彩」馬票則由 10,000 張增加至 20,000 張。礙於交通工具停駛，觀眾只能步行或乘單車前往馬場。

7 月 23 日，第 17 次競馬舉行後，便告休息。

8 月 10 日，競馬場出售 12 匹馬，最昂貴為 6,000 円，最便宜為 50 円。

9 月 17 日，是日為復賽日，共有 6 場賽事。但因電力停止供應，競馬會高懸紅白相間的藤球，並搖鈴 40 秒，標示停止售票。後來，競馬會改用乾電池發出鈴聲，並搖鈴以通知馬迷停止售票。當日亦為秋季大馬票開彩日。

12 月 1 日，競馬會的獸醫監督為佐佐木少佐及何甘棠理事長。同時，由於馬匹相繼死亡，馬會只餘下 17 匹日本馬、澳洲馬及中國馬，其中，中國馬佔 7 匹。17 匹馬之中亦有不少為生病或受傷者，須休息甚久才可再出賽。因此，競馬會打算每次賽馬時，舉辦一場「速步」(或稱「快步」，Trot) 決賽，賽程為 800 米，馬匹作跑狀即屬犯規。「速步」比賽之目的是讓馬匹比賽，但不致受更重的創傷，更可作為休養式的散步運動。此種比賽亦曾在上海舉行。

12 月 23 日，「速步」比賽於第 5 場賽事舉行。

12 月 24 日，冬季大馬票開彩，售價由每張軍票 1 円升至 5 円，共開售 10 萬張，標榜頭獎可獲軍票 15 萬円，但最後只售出 74,000 多張。

1945 年 1 月 9 日，「速步」比賽由韋耀章策騎的「勝戰」贏出，但投注人數不多。

　　1 月 17 日，大和會發動在競馬場內面積約 24,000 坪的廣場上種菜，預計可供 24,000 人食用。

　　1 月 21 日，因馬匹不足，2 場賽事臨時宣告停止，改在下一次賽馬的第 4 場舉行。

　　2 月 28 日，舉行年度的第 4 次競馬，「速步」比賽取消。

　　3 月 18 日，大馬票的售價由 5 円升至 10 円，共開售 50,000 張。是日為第 6 次競馬，共 5 場賽事，大部分為澳洲馬及日本馬的混合賽。每場約有 6 匹馬參加，比先前賽馬日的 3 至 5 匹為多。第二場賽事由盲眼老馬「快獅」爆冷勝出。春季大馬票總督杯賽，由韋耀章策騎的「藍鳥」勝出。軍票 10 円的馬票頭獎彩金為 15 萬 6,000 円。

　　4 月 15 日，舉行年度第 10 次競馬，公眾席暫停開放，會員席則照舊，入場費仍為 2 円。同時，競馬會開始解僱臨時職員。

　　同日，競馬會新增 2 場「木馬」比賽，舉辦地點為公眾席與會員席之間的草坪。每匹木馬長 2 尺，各髹上不同色彩，並漆上馬號，身上有一小鈎。賽場上，設一座「一頭高、一頭低」的架，有 12 條長達 16 米的鐵線連繫高低兩處。12 匹木馬的鈎，鈎着鐵線，置於上高端的出發點。號令一發，機欄一啟，各木馬沿鐵線滑下，以先到木架下方之決勝點者為勝。首匹奪標的木馬為第 3 場髹上紅色的「松竹」。木馬的名稱全用已死去馬匹的名字。「小搖彩」馬票照常發售。俟後，木馬競賽增至 5 場，另有 3 場正常賽事。第一批製成的 60 匹木馬，每匹售 200 円，全被認購，作為木馬馬主。

4 月 20 日，競馬會裁撤 2 個分售處，「小搖彩」馬票只限在松坂屋 2 樓的競馬會事務所出售。

4 月 22 日及 29 日，舉行第 11 及第 12 次競馬，每次舉行 3 場真馬賽，5 場木馬賽。

1945 年 4 月 29 日的賽事，為日據時期最後一次競馬。總計木馬賽共舉行了 3 天，共比賽 12 場。

停止競馬後，競馬會理事長何甘棠及各重要職員仍繼續辦公。

5 月 3 日，報章廣告表示港島將提供馬車服務，競賽馬匹將用作拉車。

5 月 31 日，香港競馬會正式宣告結束，各馬廐尚存共數十匹馬。

6 月 2 日，「香港占領地總督部管理香港競馬會解散委員會」在報章刊登啟示，呼籲員工及騎師前往事務所補領薪津。

8 月 11 日，何甘棠宣告退休。

彩票

日軍當局為了獲取資金，於 1944 年起發售一種「厚生」（福利）彩票，每張售價軍票 1 円，幸運博彩的方式一如馬票。

「總督部」飭令東亞銀行擔任彩票的「大元捌賣人」（總發行人），並指定包括交通、中國、鹽業、永安、華僑、國民商業儲蓄、康年商業儲蓄、上海商業儲蓄、汕頭商業儲蓄及中國實業共 10 間華資銀行，為「元捌賣人」（發行人）。彩票由各發行人分發予各小賣商售賣。

厚生彩票每月開彩一次，在娛樂戲院當眾攬珠。第一次於 1944 年 4 月 25 日開售，6 月 2 日開彩。發售總額為 30 萬張，獎金如下：

獎項	派彩
頭獎 1 名	軍票 50,000 円
二獎 2 名	各派軍票 10,000 円
三獎 3 名	各派軍票 5,000 円
四獎 5 名	各派軍票 1,000 円
五獎 20 名	各派軍票 500 円
六獎 150 名	各派軍票 100 円

總派彩額只得軍票 11 萬 5,000 円，相對 30 萬円的售出總額，派彩額實在少得可憐。

到了 1945 年 2 月，第 8 次彩票開彩後便停止發行。8 期的厚生彩票售價皆為軍票 1 円。

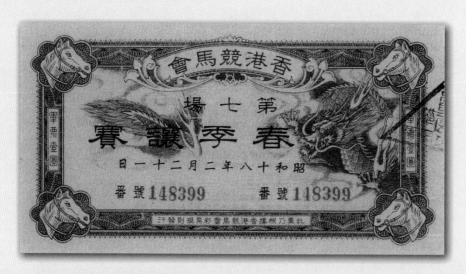

▲ 1943 年，香港競馬會的春季大馬票及聯根。

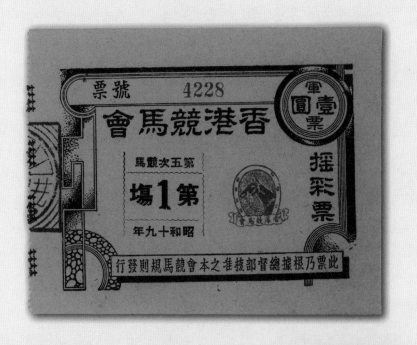

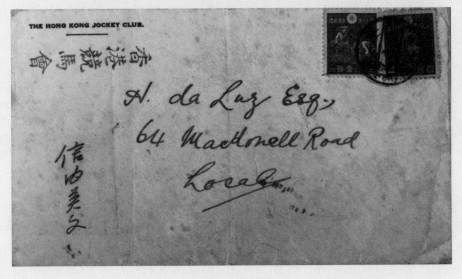

1944 年，競馬會
的「小搖彩」馬票。

用香港賽馬會加
蓋「香港競馬會」
之信封，貼上日本
郵票寄遞，1944
年。（圖片由張順
光先生提供）

第二十二章 消閒娛樂與競馬

309

1944 年發行的第
二回香港厚生（福
利）彩票，當時由
東亞銀行負責抽獎
及派彩。

1944 年發行的第
七回香港厚生（福
利）彩票。

和平後的 1947
年，香港賽馬會發
行的雙十節賽馬
（廣東讓賽）大馬
票。

鴉片

日軍佔領香港後，為了圖利及荼毒市民，推翻香港政府於 1935 年實施的禁止鴉片煙政策，於 1942 年 9 月 23 日開始鴉片公煙專賣。

鴉片煙土由滿洲國熱河運來，價格由政府規定。

當局設立 30 所鴉片專賣處，每處每日銷售量不得超過 30 兩。煙民須領有「通帳」（牌照）才可購買鴉片，牌照分為「甲種」（在家吸食）和「乙種」（在「售吸所」或稱「煙館」吸食）。煙民須支付牌照費並每年更換牌照。

設於中明治通（皇后大道中）公主行（現置地廣場文華酒店所在）的裕禎公司（與「寓禁於徵」同音），為當局的鴉片專賣機構及「元捌所」（發行所）。總督磯谷廉介不時前往視察。

裕禎公司指定的小賣所包括煙館，分佈港九新界各區，後來越開越多。到了 1943 年 3 月，單是上環、中環及灣仔已有 37 間。

最初發售鴉片時，每両價格為軍票 43 円半。到了 1944 年底，暴升至每両 650 円。之後，當局還不斷提升鴉片售價，從中謀取暴利。

裕禎公司亦在東華及廣華兩院開辦戒煙所，但每院只收容約 10 名戒煙人士。

此外，裕禎公司強行在銅鑼灣的中華遊樂會開設「裕禎國術館」，標榜「提倡國術、健民為本」。

第二十三章
盟軍空襲

由 1942 年 10 月 25 日起，以美國為首的盟軍戰機不斷
轟炸港九日軍軍事要點，以及船塢和油庫等。空襲一直持續至
1945 年淪陷後期，而且編隊的軍機越來越多，次數亦越趨頻
密。盟軍戰機後來投襲的燒夷彈（燃燒彈）殺傷力特別猛烈，不
少市民遭殃。

盟軍戰機往往多次未能命中目標，卻誤炸附近民居，每次
誤炸均導致數以百計民房被毀，市民死傷枕藉。

由於盟軍戰機空襲，日軍當局實施嚴厲燈火管制，違例者
將被拘禁，並處以稱為「軍罰」的酷刑。

當局亦下令成立「非常救護團後援會」，並指定各區醫院、
社團及學校收容災民。同時，又在各屋宇前興建「防空牆」供市
民避難。

1942 年 6 月，日軍當局的「交通部土木課」決定將港九共
500 多個防空洞和小型避難室封閉。後來，再封閉位於修頓球場
以及荷李活道「大笪地」的防空室。

　　10 月 25 日，盟軍戰機開始轟炸香港，目標為船塢及日艦。
憲兵隊實施燈火管制。深夜 11 時後或空襲期間，市民嚴禁通
行。至 10 月 29 日，已有 2 架盟軍戰機被日軍擊落。

　　1943 年 1 月，當局拆毀鯉魚門的廢炮台，並在港九多處設
置新炮台，包括位於軒尼詩道近史釗域道現時油站的一座。

　　7 月，由午夜 12 時至天亮須熄滅所有燈火，違例者會被押
往憲兵部，處罰包括肉刑甚至死刑。

　　8 月 18 日，港島多區包括山王台（西環）、春日區（鵝頸區）
及中區的民房被盟軍戰機炸毀，其中以中區傷亡者最多。據一
位長者憶述，中環街市旁原南興隆辦館所在的全埃洋行的唐樓
被炸毀，其另一端皇后大道中及金城酒家前，亦死傷枕藉。

　　1944 年，盟軍戰機轟炸更為頻密，機種及數量亦十分多，
包括 P40、P38、B25、B29 等型號。有數架被日軍擊落，其
中一架的殘骸被陳列在香港會所對開的和平紀念碑旁。

　　當時，日軍發起「飛機獻金」及「軍事獻金」運動，要求市
民捐獻。稍後還有「新兵器獻金」。

　　為了應付盟軍空襲，日軍不時進行實彈射擊演習，演習地
點包括戎克灣（Junk Bay，將軍澳）、春坎角、香港造船所、大
正公園及馬頭角等地。

　　10 月 25 日，山下區（紅磡）遭盟軍空襲，受炸地點包括船
塢、住宅及學校，三分之二樓宇被炸毀，單是學生就有 200 多
人死亡。這是其中一次最慘烈的空襲。

▲ 1944 年 12 月，盟軍戰機轟炸維多利亞港內的
船隻，包括「嶺南丸」等多艘省港澳船隻被炸沉。

12 月 24 日，省港船「嶺南丸」被盟軍戰機炸沉，死傷數百人，當中包括華民代表陳廉伯。前總督磯谷廉介慰問其家屬，華民代表會和華民各界協議會於 1945 年 1 月 11 日舉行公祭。

1945 年 1 月 15 日及 16 日，中西區遭猛烈空襲。香港華人銀行公會主席及華民代表劉鐵誠，因住所被盟軍轟炸而受傷入院，同年 4 月 9 日在養和醫院逝世。

1 月 21 日，以修頓球場為中心點的灣仔遭受空襲，500 多座房屋被毀，約 1,000 名市民死亡、3,000 人受傷。空襲目標原為金鐘海軍船塢，因誤判而致灣仔市中心一帶被炸。受空襲而損毀的建築還有位於灣仔峽道（皇后大道東）的印度錫克廟。該處一帶近年來多次發現戰時炸彈。

▲ 1945 年 1 月 15 日至 16 日，港島中西區遭猛
烈轟炸，死傷枕藉。

　　據前輩梁紹桔親述，他當時在海軍船塢工作。他的同事當
中還有一位後來為知名播音員，他們二人因盟軍戰機誤判才逃
過一劫。

　　4 月 2 日至 4 日，位於銅鑼灣避風塘旁的法國醫院，以及
九龍油蔴地避風塘同遭空襲。醫院內包括護士、工人、病者、
孤兒及嬰兒共百餘人死亡。該院後來靠出售被炸毀的建築物材
料，暫時維持運作。醫院的孤兒由保良局收容。避風塘的艇戶則
有數百死傷。

　　6 月 12 日上午 10 時至 12 時，59 架美軍戰機用燃燒彈轟
炸以中央戲院及荷李活道的《華僑日報》為中心的上環區，死傷
者甚多。事後，當局指定東華醫院負責救治傷者，文武廟及九如
坊戲院則用作臨時收容所。同時，西區及銅鑼灣區亦遭轟炸。

▲ 有關灣仔區被轟炸的新聞報導，1945 年 1 月。

日軍當局成立「非常救護團後援會」，並在油蔴地循道會一帶闢建防空洞。其後日軍執行更嚴密的燈火管制，不少違例者被拘捕並處以酷刑。

7 月 25 日，20 架盟軍戰機投下 9 枚炸彈，轟炸赤柱的「香港軍抑留所」（集中營），造成 14 人死亡，4 人受傷。「抑留者」代表原輔政司詹遜致函抑留所所長，希望停止此種襲擊。

淪陷末期，日軍當局在各屋宇的「騎樓」底及門前建築「防空牆」，不少商戶亦在店內築起「防空沙池」。因「防空牆」阻礙交通，和平後即被拆除。

▲ 1945 年 1 月 21 日，以修頓球場為中心的灣仔區慘被轟炸，位於灣仔峽道（皇后大道東）的印度廟亦遭波及。

◀ 在日軍監視下，印籍憲查（左三）檢查市民，路中有一個「防空沙池」，估計所在為軒尼詩道。（摘自《寫真週報》第二百零八號，1942 年 2 月）

▲ 1945 年 1 月 16 日，太古船塢遭受猛烈轟炸。

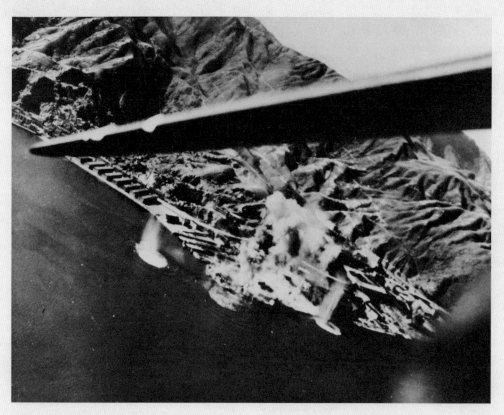

▲ 太古船塢被炸的另一情景。

▲ 和平後約 1950 年的太古船塢，對海的觀塘一帶仍屬荒山野嶺。

▲ 1945 年 4 月 2 日至 4 日，銅鑼灣法國醫院一帶遭受空襲，災區為圖片左
下方位置。此圖約攝於 1935 年，圖中正中山下白色的建築物為保良局，
前方的渣甸貨倉現為百德新街一帶樓宇羣。

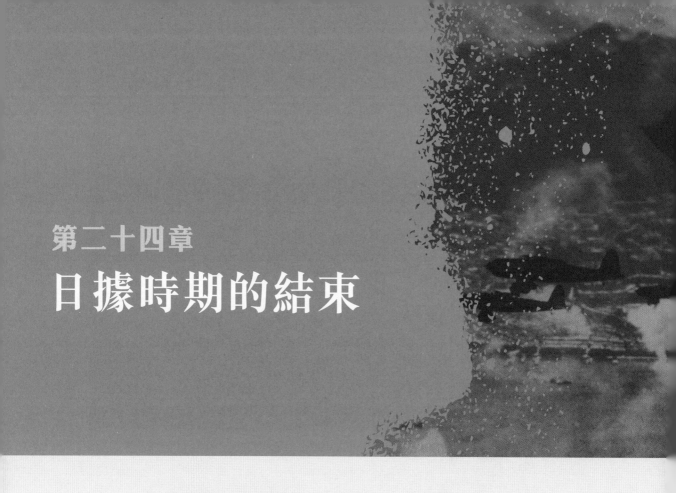

第二十四章
日據時期的結束

1945 年 8 月 15 日，日本天皇頒發大詔，宣佈投降。香港市民在畢打街松原大廈（告羅士打行）的播音筒廣播中得知此喜訊。在英軍未抵達的過渡期間，日軍仍然管治香港。

8 月 16 日，周壽臣及羅旭龢與日軍當局商討有關治安問題，決定加派憲警巡邏，並強化自治團體。成立於 1945 年 5 月的「香港保衛團」在各區出夜勤巡邏。此外，亦有「治安協助團」在市區出勤，隊員皆攜帶證書及戴上臂章。還有自衛團在各區自籌經費，或向商店徵收月費，以維持治安。部分如「香港保衛團」等團體，在過渡期後仍繼續運作。

同日撤銷燈火管制，但仍維持宵禁，市民於晚上 12 時後，不准出街。

8 月 18 日，商戶及住戶皆懸掛中國旗。

8 月 20 日，日軍宣告結束各種「獻金運動」。

東華及廣華兩院增加免費留醫病人及留產婦人名額，並增加每餐供應白米至 5 両。

8 月 22 日，日軍解除防衛的警報及信號。

8 月 23 日，「總督部」表示，日本已接受《波茨坦宣言》（Potsdam Declaration），當局在未接到指示前仍執行原有職務，亦不會遣散華人員工。

8 月 24 日，被囚禁於赤柱「軍抑留所」的輔政司詹遜獲釋，並着手籌組臨時政府。因局勢平靜，「非常救護團後援會」於同日結束。

8 月 27 日，包括西區、中西、東區及春日區的保衛團，表明在過渡期間繼續維持治安，各自籌募經費支持。日警察局亦於是日「歡宴」各區區長，感謝各區協力警政，並表示「警察局將徹底努力維持治安，直至交代日的最後一刻」。

8 月 29 日，戰前的港督楊慕琦以及馬來亞和婆羅洲總督，從瀋陽拘留營釋出，前往重慶。

8 月 30 日，由夏愨少將指揮的英國太平洋艦隊，在航空母艦「不屈號」（HMS Indomitable）帶領下，重新駛進香港水域。

同日，香港政府華員會奉命借用羅文錦律師行，辦理政府華員登記。登記於 9 月 9 日結束。

▲ 1945 年 8 月 30 日，由夏慤
少將率領的英艦隊重新進入海
港。在金馬倫山上可見未完全
建成的忠靈塔。

◀ 兼任軍隊總司令的夏慤總督，
1945 年。

▲ 1945 年 8 月 31 日，《香島日報》的頭條新聞為哈葛德（夏愨少將）
率英艦隊進入本港，另有國府明令「台灣劃為行省之一」的新聞。
報章售價為軍票 5 円。（圖片由吳貴龍先生提供）

▲ 1945 年 9 月 1 日，由前《香島日報》復刊的《星島日報》，售價仍
為軍票 5 円。（圖片由吳貴龍先生提供）

▲ 1945 年 9 月 6 日，自軍艦登陸九龍倉的英軍。

▲ 被押往集中營的日軍，1945 年
9 月。

▼ 被押往集中營的日軍正經過位
於彌敦道的聖安德烈教堂。（圖
片由許日彤先生提供）

▲ 新界的英軍與日軍，1945 年 9 月。

▲ 在金馬倫山忠靈塔前的英軍，1945 年 9 月。
（圖片由許日彤先生提供）

第二十四章 日據時期的結束

第二十五章
香港重光
（1945 年）

1945 年 9 月 1 日，香港英軍政府成立，兼任軍隊總司令的總督由夏慤少將擔任，副總督則由詹遜擔任。夏慤同時兼任軍政委員會委員長，稍後晉升為中將。

港府隨即從廣東珠江下游一帶採購白米到港。為使市民普遍購得米糧，當局設立「米糧批發處」，並選出白米零售商配售白米。至 9 月 14 日開始配售白米。市民須向德輔道西 3 號的「政府穀米批發處」或指定米店領取「購物證」，以及登記購米人數，然後憑證在指定米店購米。每人每次可購米 5 斤，每斤港幣 2 毫，以 5 天為一期，軍票一概不予接受。新界各區亦設有公價米站，但與商米價格差別不大，購買公價米者不多。

9 月 1 日，郵政總局及位於尖沙咀的九龍郵局重開。4 日恢復派信。為方便赤柱拘留營及深水埗俘虜營中的人士，郵局特准免費郵寄，由 9 月 5 日開始，但只限寄往上環、中環及灣仔、赤柱集中營、深水埗俘虜營、中央英童書院、尖沙咀及油蔴地。信件或明信片不得超過 2 安士。

9月4日,英軍接收九龍,在半島酒店會商,各政府機關及警署等已於下午接收完竣。所有日本人被移往日本軍營內,朝鮮人及台灣人須攜證件前往警署報到。

同日,醫務總監司徒永覺指定下列書院作為留醫及門診醫院,包括:官立市民醫院(那打素醫院)、東華醫院、廣華醫院、第一醫務所(設於消防局大廈,印籍公務員專用)、九龍醫院外診處(華籍及印籍公務員專用),以及半島酒店診療處(政府機關職員、抑留者及戰俘專用)。而贊育、東華和廣華為3間免費留產醫院。

9月5日,英軍車輛第一次沿日軍於淪陷時興築的由荃灣至大帽山頂的公路上行駛。此道路後來被發展為荃錦公路。同日,日據時期的檢察官張桂富被捕。

9月7日,夏愨總督頒令非中國人暫禁入新界。

當時,各華資銀行照常營業。日資橫濱正金銀行及台灣銀行已被封閉。友邦銀行、大通銀行、荷蘭銀行及位於鐵行大廈的中國國貨銀行,準備在原址復業。於戰時停業的廣安銀號(現星展銀行)及明德銀號亦已復業。到了11月20日,永隆銀號(現招商永隆銀行)在皇后大道中112號的永隆燒臘店原址復業。

9月12日,一批包括1元、1毫、5仙及1仙的新鈔票由英國運抵本港,於9月14日發行。

9月13日,政府通告港幣為合法通貨,不承認軍票的地位。至於在和平初期曾流通的一批臨時鈔票則獲承認,該批鈔票為:

(1) 日本軍票1,000円(從未在香港發行),改印港幣1元;

(2) 中央儲備銀行1,000元儲備券,改印港幣5元;

(3) 中央儲備銀行5,000元儲備券,改印港幣10元。

這些鈔票絕大部分已被銷毀，餘下的為罕鈔，但偽品甚多。

和平後，被改印為港幣 1 元鈔票的軍票，曾被用作支付「香港電話局」（暫時由政府接管之香港電話公司）職員的薪金。

9 月 14 日，市面開始採用港幣，各行商店陸續復業，但實施港幣幣制前後，因物價與幣值起落動盪，各大公司及商行均暫停營業。

同日，各銀行開始支付存款，每戶限提港幣 200 元。多間銀號亦復業或開業，經營找換及匯兌業務，最多人換取港幣購米。此時，軍票已幾成廢紙。電燈公司亦宣佈不收軍票。

《南華早報》亦於同日發表評論，認為應任軍票自行消失，因為持大量軍票者，多為日本人、台灣人及受日本人委託的代理人，以及牟利與操縱者，平民或經貿易和工作獲得軍票者反佔少數。亦有報章評論，認為港府不應承擔日本的軍票債務，否則會有大量軍票由附近區域湧入香港。

因押物者用軍票回贖，押業商損失慘重。全港押店損失約 4,000 萬元，每間約損失 40 萬元，不少因而宣佈破產，可復業者相信不足十分之一。

同日，福拉塞上將（Bruce Fraser）乘「約克公爵號」（Duke of York）軍艦抵港，將主持香港日軍投降。

9 月 14 日至 17 日，由於港幣尚未普遍流通，各線渡海小輪免費服務 4 天。

戰前，油蔴地小輪船公司有 4 艘汽車渡海小輪，於淪陷期間「民恭號」及「民覺號」沉沒，「民儉號」及「民讓號」嚴重損毀。除「民覺號」在內地被炸沉不能復修外，其餘 3 艘經修理後一直服務至 1970 年代初，才售予馬來西亞檳城。

▶ 用未發行之 1 円軍票加蓋改作港幣 1 元的臨時鈔票，曾有少量在市面流通。

▲ 1945 年和平後，在市面流通的 1 仙、5 仙和 1 毫及 1 元鈔票。

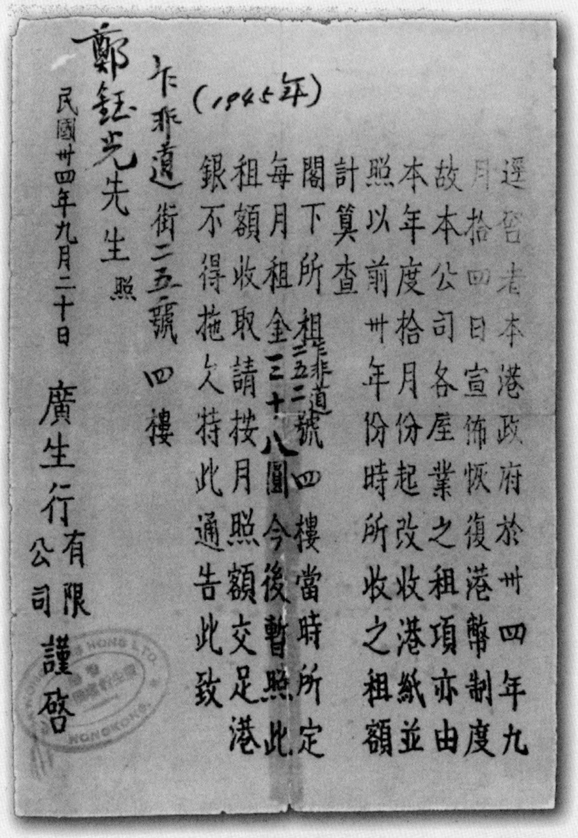

逕啟者本港政府於卅四年九月拾四日宣佈恢復港幣制度故本公司各屋業之租項亦由本年度拾月份起改收港紙並照以前卅年份時所收之租額計算查

閣下所租卜非遺二五號四樓當時所定每月租金三十八圓今後暫照此租額收取請按月照額交足港銀不得拖欠特此通告此致

卜非遺街二五號四樓（1945年）

鄭鈺光先生 照

民國卅四年九月二十日

廣生行有限公司謹啟

◀ 1945 年 9 月 20 日，廣生行向租戶發出的通告，宣佈租項改收港幣。

9 月 15 日，電報恢復，但只限於官方、戰俘及抑留者的通訊，費用全免，稍後才告全面恢復。

9 月 16 日，同盟國代表在港督府接受港區日軍投降。中國代表為潘華國將軍。夏愨少將同時代表中國戰區總司令蔣介石及英國政府。日軍代表為南支司派遣軍參謀長岡田梅吉少將，及海軍中將藤田類太郎，被 3 名英軍押至禮堂。二人於簽署前後，向盟國代表作 90 度鞠躬，但各盟國代表均不還禮。

稍後，潘華國將軍表示，中國將接收港九日軍的武品，包括船舶、飛機及車輛，英方將盡力協助。同時，副港督詹遜臨別贈言、期望改革香港的行政方式。

而第二任日軍總督田中久一，則在廣州中山紀念堂向接管廣州、香港、九龍及海南的國軍總司令張發奎上將投降。

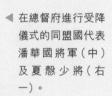

在總督府進行受降儀式的同盟國代表潘華國將軍（中）及夏愨少將（右一）。

1945 年 9 月 16 日，藤田類太郎代表日軍簽署投降書。

第二十五章　香港重光

▲ 英軍押送下的日本海軍中將藤田類太郎。

9 月 18 日，因輔幣（1 仙、5 仙及 10 仙紙幣）於日前流通，油蔴地小輪船公司提供由中環至旺角及中環至尖沙咀的渡輪航線，收費 5 仙。又開辦由統一碼頭至香港仔的航線，頭等 4 毫半、三等 3 毫。另有一條由統一碼頭至南頭線，頭等收 1 元、三等 8 毫半。

由於陸上交通並未全面恢復，有一南記公司經營機動帆船往來上環三角碼頭、油蔴地及筲箕灣。另有一艘「合益號」輪船往來港島及元朗。

同日是夜起亦撤銷宵禁令。

9 月 21 日，九龍至羅湖的火車恢復，為免費服務，每日一班。惟乘客須攜帶糧食和柴薪才可登車，以促進物資交流。因乘客十分擠擁，限制乘客數量，尖沙咀 50 名、油蔴地 200 名。

9 月 28 日，郵局恢復辦公和郵遞，也發售郵票，但只有 1941 年發行的 2 仙、5 仙及 8 仙 3 種。

設計香港開埠百週年紀念郵票的政府官員鍾惠霖（William Jones），在淪陷時被囚於赤柱拘留營。不過，鍾氏對香港重光充滿信心，在營內冒死設計一枚和平紀念郵票，以火鳳凰為圖案，寓意香港可在烈焰中再生。此具特殊意義的設計，後來被英國當局採納以印製一套 2 枚的香港和平紀念郵票。該設計草稿被藏於英國皇室郵集內，曾於 1962 年及 1997 年在香港展出。

▼ 1945 年和平後，蓋有「免費郵遞戳印」的信封。

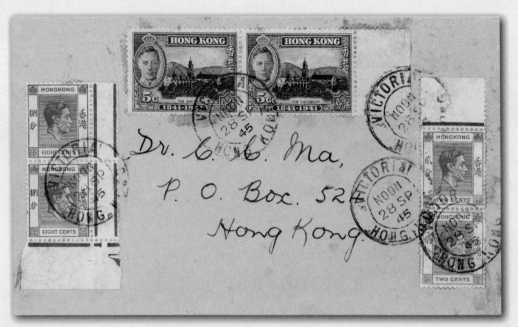

▲ 1945 年 9 月 28 日，郵局復開，發售郵票，以乃首日投寄的信件。

▲ 由鍾惠霖在集中營設計的和平紀念郵票圖稿。（圖片由吳貴龍先生提供）

　　而一座為慶祝開埠百週年而鑄造的喬治六世（King George VI）銅像，要到 1947 年才運抵香港，翌年置放於香港動植物公園。

　　9 月 22 日，由統一碼頭至跑馬地的 1 號線巴士恢復行駛，但只有一輛車服務。9 月 26 日，由水坑口（街）至大坑的巴士復駛。10 月 3 日，1 號線增加一輛剛修好的巴士服務，每隔 15 分鐘一班，收費 2 毫。稍後，有更多修好的車輛及由英國軍車改裝的巴士投入服務，使其他路線復開，班次增加。

　　9 月 23 日，根據香港大學註冊主任菩克的報告，大學校舍在淪陷期間遭嚴重破壞，大部分建築物的木材被盜拆。羅富國科學院、各醫科學院、住學室及何東工學館等設備均蕩然無存。唯一完好的是位於大學本部 2 樓的圖書館。除此以外，大學只餘軀殼，復校困難。

　　同時，多間包括皇仁、庇理羅士及英皇等名校的校舍、圖書館及其他設備均受極大摧殘。

　　9 月 25 日，夏愨少將表示，應盡快遣返 22,000 名留港日本人回日本，免耗糧食。

9 月 27 日，香港將設軍事裁判所審訊戰犯，歡迎市民舉報。當日已有 14 名戰犯被捕，囚於赤柱監房，聽候審訊。

10 月 1 日，中國國民革命軍新編第一軍（簡稱「新一軍」）部隊抵港執行任務，駐箚於九龍塘太子道一帶民房，有憲兵隊維持軍紀。

中國國民黨駐港總支部九龍支部，於 10 月 8 日在報章刊登啟事，呼籲原日九龍方面黨員前往位於深水埔（埗）黃竹街 19 號的支部登記。

新一軍部隊稍後陸續北上，由於人數超過 10 萬，要到 1946 年 6 月才大致北上完畢。國軍過港北上的協議於 1947 年 8 月 15 日期滿。

10 月 1 日，東華東院歸還予東華三院，由夏愨總督主持復院典禮。

日據時期建於各區街道的「垃圾池」，被指有污市容，同日起予以拆除。

10 月 2 日，淪陷時期被用作「香港陸軍病院」的瑪麗醫院，和平後除 1、2 樓可使用外，其他各處皆污穢凌亂，窗門等亦多遭破壞，各層地板均被拆開，手術室內儀器被搬走一空。醫務處將該院大加修理後，於同日竣工，重新開放。

同日，曾任華民政務司、署理輔政司及護督（署理港督）的那魯麟（Roland Arthur Charles North），在臨別專訪的贈言中指出，他在淪陷後與防務主任傅瑞憲（John Alexander Fraser）及律政司魏伯達爵士（Sir Chaloner Grenville Alabaster），在被囚於集中營前，接觸羅旭龢及周壽臣 2 位博士，希望他們能肩負責任，減除華僑同胞的痛苦。羅、周二人後來就任兩華會主席，期間受盡日本人壓迫和港人冷辱。那氏呼籲港人諒解，不要對二人作出諸多誹謗。

10 月 4 日，早前因電力供應不足時斷時續的電車服務，是日正式恢復，共有 15 部電車行走銅鑼灣至屈地街，頭等票價 2 毫、三等 1 毫。至 10 月 20 日恢復跑馬地線，頭等 1 毫半、三等 8 仙。至 11 月 3 日，再恢復上環至名園（北角）的路線。

日據時期，日本人未有干預香港田土廳所存之紀錄，但曾頒行「家屋登錄」措施，各業主要到「家屋登錄所」辦理物業登記。

該所亦有紀錄日據期間之物業買賣轉手情況。和平後，港府的田土官在田土登記冊內，將該段時期的買賣用「綠色墨水」登記註冊，代表該等物業轉讓仍受法令所約束。

直至 1945 年 9 月 4 日，日本在香港的產業僅值 320 萬元，難以抵償香港在淪陷期間所損失的 8 億元。

第二十五章 香港重光

第二十六章
和平後的香港
（1946-1948 年）

政務

1946 年 3 月 25 日，中國駐港憲兵隊在月前抵港，協助警隊於九龍維持治安。憲兵隊辦公室設於緬甸台。

4 月 2 日，國民政府蔣介石主席頒贈「雲麾勳章」予香港總督兼司令夏愨中將，表揚他於中國軍隊在太平洋作戰時，給予頗多幫助。

同日，英庭通令赦免無暴行之附敵分子。因此，數十名日據時代之憲查可任正規警察，但須進入警察學堂再接受香港警律之訓練。亦有曾任密偵女隊長之婦人被戰犯法庭判處入苦工獄。

4 月 30 日，楊慕琦總督抵港，夏愨中將則於 5 月 1 日下午離港。取代軍政府的民政府於 1946 年 5 月 1 日上午 10 時成立。

6 月 9 日，麥道高（David Mercer MacDougall）任輔政司。

▲ 1941 年 12 月 28 日，由酒井隆率領之日軍的「入城」儀式正在進行，由
波斯富街東望軒尼詩道。右方的唐樓後來改建為中國國貨公司所在的軒尼
詩大廈，其左鄰為尚未被夷平的利園山。正中三層高的「幫辦樓」現為香
港大廈。左方位於大榕樹間的樓宇是怡和洋行的「渣甸東倉」，1946 年 3
月 28 日起，部分審訊日本戰犯的法庭被設於此，所在現為崇光百貨及銅
鑼灣廣場一期等建築羣。（圖片由許日彤先生提供）

　　1947 年 2 月 26 日下午 4 時 29 分，未建成的忠靈塔被炸平。

　　5 月 17 日，楊慕琦任滿離港，由葛量洪（Sir Alexander
Grantham）繼任港督。

　　8 月 5 日，喬治六世銅像運抵香港。

　　10 月 10 日，外交部兩廣特派員郭德華，在寶珊道舉行酒
會招待外賓。出席者有港督葛量洪夫婦及一眾官員。

　　1949 年 5 月 25 日，於日前逝世的羅旭龢爵士出殯。港督
代表及一眾官員出席喪禮。於淪陷期間，羅氏應律政司、華民
政務司及軍政司籲請，出任日軍的華民代表，為他生命旅程中
一件不幸事件。

▲ 慶祝香港開埠 100 週年的英皇喬治六世銅像，於 1947 年運抵香港，1958 年置於香港動植物公園。

◀ 從兵頭花園一帶望向忠靈塔，約 1946 年。

經濟

1946 年 3 月 30 日，政府規定貼有日本印花（鏨印稅票）的文件，需依法貼足新印花。

4 月 1 日，各銀行的保險箱重新開放。

4 月 2 日，有關方面公佈，戰前的保險和壽險在和平後仍然有效。

4 月 3 日，滙豐銀行通告，迫簽鈔票准予流通，包括 50 元、100 元和 500 元面額者，隨即使物價及黃金價格急升。

當時，銀行每次可提存款 200 元的限制亦放寬，並接受新開戶口。

10 月 17 日，滙豐銀行的銅獅子由日本運回香港海軍船塢，星夜重置於銀行前。同日抵港的還有昃臣及維多利亞女皇銅像。

1946 年，多間銀號包括：昌記、卓記、牛記、發昌及騰記等復業。亦有一間寶生銀號（銀行）開業。上述銀號多為經營內地之國幣找換和匯兌業務。同時，亦有若干間華人旅店舖面之找換枱，還有設於街邊者，以位於摩利臣街銀龍酒家旁的 5、6 檔最為集中。

10 月 10 日，28 間押店復業，押期為 4 個月。

1947 年，汕頭商業銀行、成天銀行、正和銀行及中國國貨銀行等在各區復業。而大新銀行及泰國盤谷銀行於同年開業。

4 月 1 日，稅務局開始辦公。

5 月 2 日，在華人反對下，當局通過了徵收財產、利得、薪俸及利息 4 大稅項之草案。

▲ 由鴨巴甸街西望皇后大道中，1947 年。右方為永和街口的大光珠石行及
昌記藥行。昌記藥行兩面懸空招牌的背後，是位於 181 號的恒生銀號（銀
行）。得雲茶樓的西鄰，可見文咸東街 3 號的永亨銀號（銀行）、5 號的大
有銀號及 7 號的卓記銀號的招牌。景福金舖於 1949 年在大有銀號的舖位
開業，左方為位於皇后大道中 176 號 A 的周生生金行，而香港的華資金
融業發展亦由當年邁開大步。（圖片由許日彤先生提供）

▲ 圖為香港僑民存有軍票數量登記表，以備索償，1947 年。

土地與房屋

1946 年 5 月 27 日，北角七姊妹一帶於戰時被毀的泳棚，不獲政府批准重建。該一帶稍後進行大規模填海。

1947 年 5 月 29 日，居於啟德機場一帶及各村街道的居民，就日據時期的物業損失索償，分兩期進行登記，料總值 1,000 多萬，索償會後將統計資料彙呈當局。

九龍城大部分樓宇於淪陷期間遭清拆殆盡，侯王廟的著名「鵝字石」亦被拆平，只餘「鶴字石」。附近當時有幾間電影片場。

10 月 18 日，港府公佈修正「中止法令」中土地買賣之條文。一切土地均准許買賣，惟於淪陷期間交易以及未登記者除外。到了 1948 年 5 月 9 日，當局准予重新登記於日據期間自願買賣之土地，在刊登啟事兩年後無轇轕即屬合法。

10 月 23 日，上環「卅間」包括士丹頓街、必列啫士街、城隍街及附近街道的多間「爛屋」的業主，在東華醫院召集會議，組成一「復興委員會」，擬向政府貸款進行重建。該一帶的樓宇因年代久遠倒塌及經歷戰事摧殘，已變成「瓦渣崗」。

12 月 7 日，鴨脷洲於淪陷期間因海底電纜被盜拆及破壞，一直停電，仍未有期重放光明。

當時，戰前在禮頓山上有數座私人樓宇於淪陷時被日本人佔據為「日本山妙法寺」，和平後遭歹徒盜拆。政府後於 1949 年在此興建公務員宿舍。

飲食

1946 年至 1947 年間，多間新食肆開業，多位於港島區，
包括：

名稱	地址
美利堅餐室	灣仔道 151 號
太平館餐室	德輔道中 291 號
勝利酒家	永樂東街 28-30 號
茗園餐室	軒尼詩道 443 號
龍門大酒家	德輔道中 244 號（新紀元酒家原址）
福建聚春園飯店	租庇利街 3 號
英男茶樓	軒尼詩道 418-428 號

1946 年 4 月 23 日，本港配米人數 95 萬多，即日起須居
港滿 7 年者才可領米證。

9 月，當局指出，本港各漁區由 1945 年起即受「漁業統制令」之限制，漁民所有漁獲須一律交予漁市場，由競買人投買。

1947 年 10 月 22 日，糧食統制專員頒令，規定糧食價格。除糧食外，牛油、煉奶、啤酒、麵粉、牙膏，以至西裝等物品，均需憑配米證按公價購買。

▲ 由皇后大道西望和風街，約 1948 年。當時仍有不少擺攤檔出售雜物的小販。左方為高陞戲園。

▲ 約 1948 年的德輔道中。左方的消防局大廈現為恒生銀行總行，其旁可見
著名小館敍香園。右方「中央市場」（中央街市）旁的域多利皇后街上，有
多家辦館配售公價的牛奶產品及進口罐頭和食物。

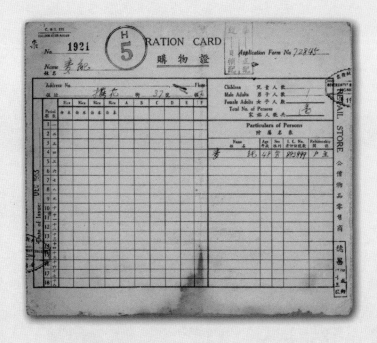

▲ 包括米和糧食以及主
要日用品的購物證，
1950年代。零售商為
位於加（嘉）咸街的
穗昌米舖。

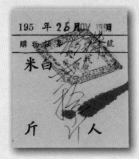

◀ 2張配售白米的購物
證，1953年。

醫療衛生

1946年3月15日，駐港英軍在九龍設一所空軍醫院，收
容有急病之華人。

同時，「軍政府民政部醫務處」負責各街市攤檔之出租事宜。

同日，位於銅鑼灣的法國育嬰堂內約50名孤兒，於戰事爆
發時被送往澳門，由教士管理。是日返港，交回嬰堂撫育。

4月29日，位於摩理臣山道原日防空總部舊址之夏慤健康
院，由夏慤總督親自揭幕啟用。

1947 年 4 月起，各區之公立醫局由政府接辦。

4 月 3 日起，東華三大慈善醫院各項原由軍政府支給的費用，改由院方自付。

大學

1946 年 4 月 15 日，淪陷期曾被用作墳場的薄扶林道香港大學運動場，被飭令將遺體遷居。

11 月 22 日，輔政司杜德（Ronald Ruskin Todd）提議立法局通過贈送 2 萬元予廣州嶺南大學，表揚其在戰爭期內協助香港學生入讀該校。

治安

1946 年，警察總署設於干諾道中東方行（現 AIA 大廈所在），當時的警務處處長為麥景陶（Duncan William Macintosh）。

同年，後備消防隊成立。4 月 3 日，於淪陷前兩三週運抵香港、後曾被運往東京作保護皇宮之用的 2 輛消防車，是日由東京運回香港。

4 月 22 日，跑馬地山村道一配糖站被劫去 100 斤糖，負責人往告士打道的 2 號差館報案。

6 月 10 日，大坑更練又捕獲竊匪，虎標永安堂按例頒發獎金 100 元。

10 月 18 日報載，被視為「性病之源」的灣仔大佛口至告士打道一帶海旁封鎖，禁止軍人出入，酒吧及照相館生意大受影響。

11 月 22 日，當局勸令貧民歸鄉，又拘控「無業遊民」及「阻街女郎」。

　　1947 年，消防局在港九街頭設立警鐘，遇火警時擊破玻璃，將手掣拉曳即可通知消防局。1950 年，999 報警熱線設立後，警鐘逐漸取消。

　　6 月 23 日，所有因戰時關係車身被髹上灰色的消防車，着手恢復為戰前的鮮紅色。

　　11 月 30 日，當局清理都爹利街防空洞，5 名工人因吸入過多碳氣而暈厥。

▲ 約 1947 年的畢打街。左方為郵政總局，路中心停泊有多部候客之的士。干諾道中卜公碼頭前的干諾公爵銅像已被拆去，只餘石座。（圖片由吳貴龍先生提供）

▲ 1950 年 4 月的中環海旁。左方為干諾道中 1 號的太古大廈,可見國泰航空的字樣。其右鄰是警察總部所在的
　 東方行,兩者現為 AIA 大廈。再右邊是剛落成的水星大廈。右方是曾為「憲兵隊本部」的高等法院,以及「香
　 港占領地總督部」的滙豐銀行。

◀ 和平後的尖沙咀,約
　 1947 年。可見仍塗
　 上戰時迷彩的半島酒
　 店、火車站及鐘樓。
　 左方九龍倉的多座
　「橋」(碼頭) 已有船隻
　 停泊。

交通

1946 年 3 月 14 日，港島只得 3 輛巴士。

4 月 11 日，政府將數輛軍車撥予九龍汽車公司改裝為巴士，行走元朗線。淪陷時期，為免巴士被日軍掠走，部分巴士被拆散並運往別處收藏，在和平後重新裝配。

4 月 15 日，九廣鐵路直通火車宣佈 4 月 21 日恢復行駛。

同時，油蔴地公司及天星小輪的收費為頭等 2 毫、三等 1 毫，較戰前貴 2 倍。

4 月 19 日，當局撥出數輛軍車予中華汽車公司改裝為巴士，由 4 月 20 日起行走淺水灣線。稍後，增加大學堂至香港仔線。

4 月 23 日，尖沙咀至紅磡的巴士恢復，由軍車改裝之巴士行走。

6 月 19 日起，電車恢復往西灣河及筲箕灣。同日，汽車渡海不需領「通行證」。

7 月 27 日，天星小輪工人罷工，渡輪由海軍接替繼續開航。

9 月 11 日，九龍往來新界的路線只有 2 輛巴士行走，一輛是由貨車改裝者。當時九巴公司與九龍汽車會合作，由該會提供 30 輛貨車收費載客，每輛車載客 8 至 20 人，每日支付 10 元予九巴公司。1947 年底，此種服務伸延至港島。

由貨車改裝的巴士，不時遭遇洗劫。後來新巴士陸續運港，改裝巴士漸被淘汰。

因巴士不足，載客三輪車仍在市面行駛，至 1948 年才被
取締。

11 月 24 日，國泰太平洋航空公司開辦香港至倫敦之空運
服務。

1947 年 1 月 26 日，菲律賓航空公司之 PIC 12 號航機在
大潭峽撞山墜毀，大量金圓、金塊散落於柏架山一帶，引起附
近筲箕灣居民一股「尋金熱」。

10 月 4 日，香港航空公司成立，開辦香港、廣州與上海之
間的航線。

▼ 約 1948 年的中環
全景，海上交通已
全面恢復。

◀ 正飛過油蔴地區的國泰航機，約 1948 年。機頭下方為窩打老道及加士居道之間的「水塘山」；機翼下方的南九龍裁判署現為勞資審裁署。（圖片由吳貴龍先生提供）

▼ 約 1948 年的啟德機場。正中的西貢道後來發展
　為太子道。

▲ 和平後約 1948 年，佐敦道碼頭和巴士總站仍未見輪候渡海
的汽車。

賽馬

1946 年 4 月 15 日，軍部舉行「陸軍慈善大賽馬」，並發售
每張 2 元的大馬票。

當時，在日據時期策騎的騎師仍不准出賽，稍後才解禁。

1947 年，香港賽馬會恢復賽馬，並出售打吡賽大馬票，每張
售價由戰前的 1 元升至 2 元，頭獎派彩 46 萬元。

戰犯的處理

1946 年 3 月 25 日，瑞士人基連被指帶引日軍炮轟香港，在
簡易法庭受審。

3 月 28 日，15 名日本戰犯在高等法院「左堂」（前按察廳）公審。

4 月 1 日，復審附敵戰犯密偵頭目黃佐治，4 月 19 日被判死刑。

4 月，月前在銅鑼灣渣甸倉（現崇光百貨一帶）戰犯第五法庭被判死刑之日戰犯井上加奈雄，再被控叛逆罪，他生於加拿大，為加籍人。

5 月 9 日，關祖堯（祖堯邨以他命名）法官審理附敵案。

6 月 19 日，酒井隆在南京被審訊。

10 月 17 日，任英軍集中營監督之日陸軍大佐德永賢治，與其部屬齋藤俊吉大尉、田中齊中尉及原田城太郎軍曹等戰犯，在第五法庭審訊。齋藤俊吉為戰俘營醫官，是憲兵隊隊長野間賢之助和繼任的金澤朝雄中佐的助手，渾號「老虎仔」。

10 月 29 日，位於九龍的第一個澳洲戰犯法庭，審訊 17 名在海南島虐待澳洲戰俘的日本戰犯。

11 月 1 日，日戰犯宮末及川本軍曹長，在赤柱被處決。

11 月 16 日，本港已審判戰犯 508 人，判死刑者 185 人，被處決者 109 人。

12 月 24 日，香港第一號戰犯野間賢之助，在渣甸倉第一戰罪法庭（戰罪法庭始於 1946 年 1 月）被公審。他是憲兵隊隊長，被稱為「殺人王」。1943 年 10 月 29 日在赤柱集中營發生的殘酷大屠殺，他使集中營成為人間地獄。其他罪行包括擅捕平民強制押解出境，蹂躪婦人及縱犬夜噬無辜市民等。

▲ 約 1955 年的兵頭花園。左方的日式建築估計為「香港神社」殘蹟。

　　1947 年 2 月 3 日，野間賢之助在第七戰罪法庭描述 1941 年 12 月 24 日及 25 日所發生之事情。

　　2 月 24 日，野間賢之助被判處絞刑，於 5 月 27 日在赤柱伏法。同被判死的還有野間賢之助的繼任者金澤朝雄。

　　1948 年 1 月 19 日，於 1941 年率領日軍三十八步兵團侵略香港之日軍司令伊藤中將，在渣甸倉第五戰犯法庭受審，由英國少校主控、中校主審，另兩少校陪審。

　　10 月，在鯉魚門兵房軍事法庭公審日軍木下中將及吉田軍曹虐待戰俘罪名，虎口餘生之證人憶述慘況。11 月 30 日，木下被判終身監禁，吉田判囚 12 年。

參考資料

《華字日報》1937-1941 年

《華僑日報》1937-1948 年

《星島日報》1938-1948 年

《香港政府年報》1946-1948 年

楊德和、楊德昭、楊德珍編《香港十年大事記》（香港：春純兄弟，1954 年）

Hong Kong Government Gazette, 1937-1948
Hong Kong News, August 1945

Braun, Francis, *The Banknote that Never Was* (Hong Kong Gulliver Books, 1982)

Collis, Maurice, *Wayfoong, The Hong Kong and Shanghai Banking Corporation* (London: Faber & Faber, 1965)

鳴謝

許日彤先生	香港歷史博物館
吳貴龍先生	每日新聞社（日本）
何其銳先生	香港大學圖書館
陳照明先生	聖雅各福群會
陳卓堅先生	
張順光先生	
梁紹桔先生	
陳創楚先生